Peter Watkins

MEDIA CRISIS

Traduit de l'anglais par Patrick Watkins

Collection Savoirs Autonomes

Collection Savoirs Autonomes

Les savoirs autonomes, générés par des expériences de terrain, des confrontations, des vécus, des expérimentations pluri et transdisciplinaires, singulières et collectives, représentent des outils de transmission indispensables à l'émergence et l'intensification de potentialités créatives. Les savoirs autonomes, ces savoirs humains non-assujettis, libérés des normes, des contrôles et de la rationalité, portent en eux la légitimité de pratiques nécessaires à la création d'univers pour l'action. La collection Savoirs Autonomes des éditions Homnisphères a été inspirée par le travail et l'œuvre de Peter Watkins, cinéaste hors-norme.

Couverture : photogramme, extrait de *Punishment Park* (Peter Watkins)
Remerciements chaleureux à Corina Paltrinierie (photos **La Commune**)
Graphisme et Composition : Bureau d'Etudes

Contact auteur pour *Media Crisis* :
info@homnispheres.com

Editions Homnisphères
21 rue Mademoiselle 75015 Paris
www.homnispheres.com

Diffusion-Distribution :
Co-errances, www.co-errances.org

Sommaire

Préface
Le K Watkins

Peter Watkins est un phénomène. Un champignon rare dans une époque vénéneuse. Une comète récurrente dans le ciel pâle du cinéma contemporain. Un génie, sans doute... A coup sûr, un honnête homme. Et c'est le grand mérite de cet homme-là que d'avoir survécu à presque tout. Physiquement, intellectuellement et artistiquement. Des bombardements de la Luftwaffe aux assauts conjugués de la bêtise, du conformisme et de la censure, sous l'œil goguenard des marchands du temple. Ceux qui savaient bien, en leur faible intérieur, qu'ils n'auraient qu'à se baisser pour ramasser et empocher les dividendes... Tous un peu ébranlés, pourtant, dans la certitude satisfaite de leur hégémonie par quarante années d'une carrière insolemment libre, une poignée de films cultes et une furieuse indépendance.

"Il faudrait interdire la psychanalyse aux canailles ", disait Lacan. L'histoire récente prouve, hélas, qu'il eut fallu leur interdire aussi le cinéma... Mais la censure, la marginalisation des œuvres qui dérangent, le discrédit, l'insulte, sont plutôt de leur fait. Les plus grands cinéastes en ont largement fait les frais sous toutes les latitudes et Peter Watkins n'échappe pas à la règle qui détient une sorte de record olympique en la matière. Peu de réalisateurs ont, en Occident, dû faire face autant que lui à la malveillance, à l'obstruction systématique, à l'acharnement du système et de ses séides. Et c'est plutôt bon signe, non ? Après tout, si Joseph Goebbels, Béria, J.Edgar Hoover ou Maurice Papon se mettent à apprécier votre travail, c'est peut-être le moment de vous poser des questions...

Il est certain que ses détracteurs les moins hostiles l'auraient volontiers imaginé revêtus des oripeaux de Don Quichotte ou dans le costume étriqué de *Joseph K*, à l'ombre d'un château ou d'un moulin à vent, faisant face aux mauvais procès et aux persécutions, défiant l'Inquisition espagnole ou les réquisitoires staliniens. Peter Watkins ne leur aura pas fait ce plaisir. Marcher jusqu'au bûcher, soit, mais prendre la tangente avant les *brodequins*, la *poire d'angoisse*, la *question ordinaire* ou *extraordinaire*...

Peter Watkins est un rebelle. Le genre de type qui donne l'impression qu'il aurait pu apparaître n'importe où sur la planète, à n'importe quelle époque, et rester le même personnage entier, sans concessions, irréductible. S'appeler Spartacus et être né en Thrace, plutôt qu'à Norbiton (Surrey), ce petit village au nom de *hobbit* du sud de l'Angleterre... Ecrire pour les Kanaks comme Louise Michel en déportation... Chanter, une orchidée dans les cheveux, "I gotta right to sing the blues" devant le parterre blanc fromage des habitués du Carnegie Hall...

Peter Watkins est un hérétique. Au sens pasolinien du terme, c'est à dire avant tout un individu présent dans la vie et dans le débat d'idées comme un acteur attentif et utile. Un pourfendeur des dogmes et des idées reçues, qui aura porté la sédition filmique aux quatre coins du monde, et montré que rien, jamais, n'est écrit dans le marbre. Que les films ne sont pas la chasse-gardée des professionnels ou le domaine exclusif des artistes et que tout le monde peut s'y mettre, sans considération de moyens techniques ou financiers (qui pourrait croire aujourd'hui que *Punishment Park*, ce chef d'œuvre absolu, n'a coûté que 50 000 US dollars, soit à peu près le budget d'entretien annuel d'un animal de compagnie pour n'importe quelle star d'Hollywood ?).

Peter Watkins est une légende. Le seul, peut-être, parmi les réalisateurs de talent, a s'être vu attribuer l'Oscar (en 1966) du meilleur documentaire pour un film de fiction ! (*The War Game, La Bombe*). Le grand inspirateur anonyme du " bed-in for Peace " de John Lennon en 1969, du travail de song-writers conséquents (David Bowie, les Rolling Stones...) de l'univers de peintres, de dessinateurs et de plasticiens. Enki Bilal, par exemple, qui le range volontiers, et à juste titre, aux cotés de Tarkovski et de Kubrick dans le tiercé gagnant de ses influences majeures. Jusqu'au brave José Bové qui dit être un beau jour entré en militance après avoir visionné *La Bombe*... Sans parler du nombre incalculable de cinéastes, et non des moindres, qui ont largement emprunté à son œuvre, à son style et à son efficacité, pour nourrir leur propre travail (il n'est pas inintéressant de revoir *Orange mécanique* ou *Barry Lyndon* à la lumière, c'est le cas de le dire, de *Privilege* ou de *Culloden*). Et s'il existe des copistes, facilement repérables à l'œil exercé, dans un métier qui vire aujourd'hui, dans le meilleur des cas, au simple karaoké cinéphilique, considérons les "emprunts" des plus illustres comme autant d'hommages indirects de la profession à l'un de ses représentants les plus inventifs. Il n'y a pas plus de honte à copier qu'à être copié, "il n'y en a qu'à être dépassé par son ombre" (Baudrillard). Qui songerait à reprocher à Picasso l'influence d'un Cézanne ?

Peter Watkins est un cinéaste vivant. Par opposition aux cinéastes morts-vivants, à ces zombies interchangeables qui encombrent de leur présence mortifère l'essentiel de la production internationale. Tous ces petits soldats du cinéma en ordre de bataille qui confondent la violence et l'action quand la non-violence, précisément, c'est l'action véritable, comme le rappelait opportunément l'excellent Jean-Claude Carrière dans une chronique radiophonique. Convoquez si ça vous chante, à l'occasion d'une prochaine séance de spiritisme, les mânes du Mahatma Gandhi et demandez-lui ce qu'il en pense...

Peter Watkins est un empêcheur de tourner en rond, qui filme comme il respire. Au risque de suffoquer, parfois, tant l'atmosphère est délétère dans le monde des images. Il appartient à une espèce en voie d'extinction accélérée et qui faisait, il n'y a pas si longtemps, tout l'intérêt du cinéma que nous aimions. Une disparition qui fait la joie de ces fossoyeurs, caniches de tous les pouvoirs ou idéologues de la marchandise, qui n'ont de cesse, depuis son invention par les frères Lumière, de détourner à leur seul profit les potentialités illimitées du premier des arts authentiquement populaire. Ceux qui persistent à n'envisager la lanterne magique que sous son aspect le plus misérable : un formidable instrument de pouvoir. Sans comprendre qu'ils sont en train de tuer la poule aux œufs d'or et, avec elle, la promesse d'un nouveau langage universel qui restera à jamais lettre morte.

Peter Watkins est un électron libre. Tombé du ciel, sous les auspices bienveillants du néoréalisme et de l'école documentariste anglaise, à l'époque bénie (mais s'agissait-il vraiment du même monde ?) d'une deuxième naissance du cinéma, au moment précis où la roue allait tourner encore une fois, où les mots eux-mêmes avaient un goût de liberté inespérée (*Free Cinema, Angry young men, Nouvelle Vague, Cinema Novo...*). Un temps où l'on ne voulait plus se contenter de la définition d'un Céline et ne voir dans le septième art que cette "grande place trouble, pour les pauvres et pour les rêves...", et encore moins se ranger "du côté des vendeurs" au grand "marché où l'on vend des mensonges" (Brecht). Un temps où le cinéma américain lui-même, par le dynamisme de sa production indépendante, allait donner au monde, un lot de films majeurs sans précédent.

Est-ce un hasard si, à la fin des années 1960, Peter Watkins est aux Etats-Unis et travaille avec Marlon Brando à l'écriture d'un film sur le massacre des Indiens qui devait s'intituler *Proper in the circumstances* et dont on ne se consolera jamais qu'il n'ait pu voir le jour ?

Peter Watkins est un visionnaire. Citoyen du monde avant que d'être cinéaste anglais, il aura pourtant sauvé par anticipation l'honneur du cinéma et de la télévision britanniques ("The lost hero of british TV", titrait judicieusement, à son propos, *The Guardian* dans un supplément télévision de Février 2000) avec, toujours, un *Eurostar* d'avance sur la plupart de ses collègues. Le genre de leadership involontaire que l'on ne vous pardonne pas facilement...

De fait, il aura fallu attendre le troisième millénaire, et la sortie en DVD de *Culloden* (*La bataille de Culloden,* Grande-Bretagne, 1964) et de *The War Game* (*La Bombe,* Grande-Bretagne, 1965) par le *BFI (British Film Institute)* pour que Peter Watkins connaisse enfin, au Royaume-Uni, un début de reconnaissance officielle. Nul n'est prophète en son pays.

Il faut le reconnaître, Peter Watkins a un secret. Il travaille. Avec acharnement. Et continue de questionner inlassablement dans son champ d'activité les éléments fondateurs des évidences trop facilement admises. Le rapport hiérarchique des réalisateurs avec le public. Les notions d'objectivité, d'indépendance et de participation dans la fiction comme dans le cinéma dit "du réel". Les moyens d'expression mis en œuvre et les manipulations qu'ils supposent... Autant de problématiques interdites de débat public et dont la seule évocation suffit à lui aliéner la sympathie de nombre de ses confrères.

Pour autant, Peter Watkins n'est pas un artiste maudit. Plutôt un cinéaste "hanté". Comme il y a eu, pour reprendre le mot de Simenon, des peintres "hantés": Bosch, Goya, Van Gogh, Munch." Ils ne se satisfont pas du monde tel qu'il nous apparaît et ils osent, à leurs risques et périls, s'aventurer au-delà pour nous en rapporter des images qui nous troublent, et souvent nous terrifient... Ne sont-ils pas des sacrifiés? Ils paient. Pour nous, pour notre enrichissement en fin de compte."

Il n'est pas interdit de lui dire merci.

Jean-Pierre Le Nestour
(gardien d'immeuble
et co-distributeur de *Punishment Park*)

Avant-propos de l'auteur

Il est peut-être utile d'évoquer, en préambule, l'évolution de ma propre conscience de la crise des médias, et mes premières tentatives pour l'affronter.

Alors même que je n'étais encore qu'un cinéaste amateur, une grande partie du cinéma commercial ou de la télévision des années 1950 et du début des années 1960 me paraissait déjà extrêmement affectée et conventionnelle, et le public captif de programmes directifs et préformatés.

Vers la fin des années 1950, tandis que j'expérimentais le style "actualités ciné" de mes premiers films, je me souviens que l'un de mes principaux objectifs était de substituer au processus artificiel d'Hollywood et de ses éclairages, les visages et les émotions de *personnes authentiques*. C'était notamment l'ambition d'un film comme **The Forgotten Faces** (*Les Visages oubliés,* 1960), où j'ai travaillé avec des "gens ordinaires" pour recréer les événements du soulèvement de 1956 en Hongrie comme s'ils se déroulaient devant les caméras des actualités. En réalité, le tournage s'est déroulé dans les faubourgs de Canterbury (Kent).

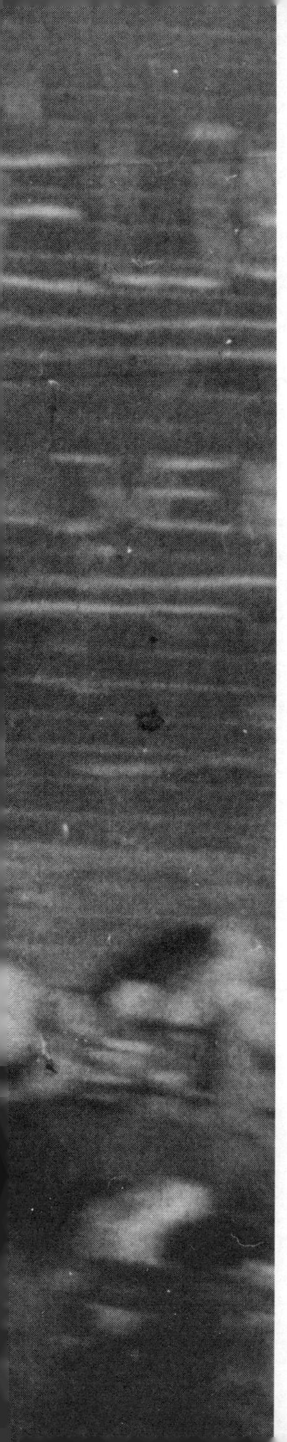

Une autre dimension de mon travail, initiée dans le film "hongrois" et développée au cours des années 1960, était de proposer une façon de contrer les effets des reconstitutions historiques feuilletonesques et des informations télévisées, en partageant avec le public une autre manière d'explorer et de présenter l'histoire - et particulièrement sa propre histoire - qu'elle soit passée ou présente.

Il me semblait, déjà à cette époque, que les **mass media audiovisuels (MMAV)** étaient devenus une espèce de supra-système englobant le processus social apparent et jouissant du pouvoir énorme de le façonner (et de le dénaturer). Le silence, imposé par la télévision de l'époque, sur le dossier de la course aux armements nucléaires est, de ce point de vue, particulièrement révélateur. Ainsi, mon travail s'est orienté vers l'objectif de trouver des formes susceptibles d'aider le public à se libérer de ce système répressif, à se détacher des nouveaux mythes médiatiques de "l'objectivité", de la "réalité" et de la "vérité", et à rechercher ses propres processus alternatifs d'information audiovisuelle.

La réalisation de **Culloden** (*La bataille de Culloden,* Grande-Bretagne, 1964) puis de **The War Game** (*La Bombe,* Grande-Bretagne, 1965) s'est fondée sur ces postulats de base - ou du moins leurs formulations initiales. Dans le premier film, j'ai adopté le style des actualités télévisées diffusées pendant la guerre du Vietnam pour donner un caractère familier à des scènes évoquant une bataille du XVIIIe siècle, dans l'espoir que cet anachronisme contribuerait également à saper les fondements même du genre utilisé.

Mon deuxième film a été la première de mes oeuvres à mélanger volontairement des formes filmiques antagoniques (une série d'interviews statiques avec des personnalités de l'establishment, éclairées en lumière artificielle, contrastant violemment avec des séquences saccadées simulant une attaque nucléaire). Pour autant que cela puisse s'appliquer à l'une ou l'autre forme, laquelle représentait la "réalité" ? Les fausses interviews dans lesquelles des personnes citaient de véritables déclarations de personnalités publiques, ou les scènes tournées comme des séquences d'actualités d'une guerre qui n'avait jamais eu lieu ?

Avec **Punishment Park** (*Punishment Park,* Etats-Unis, 1970), j'ai essayé d'appliquer certaines des méthodes employées dans **Culloden** (*La bataille de Culloden*) à un contexte contemporain, en ajoutant une dimension allégorique à l'effet de "distanciation" recherché. Comment un film, aussi "réel" que le paraissait ce "documentaire", pouvait-il être "réel", si le cadre de l'action lui-même (un "Punishment Park" aux Etats-Unis) n'existait pas?

Dans **Edvard Munch** (*Edvard Munch, La danse de la vie,* Norvège, 1973), j'ai ajouté de nombreux éléments très personnels et subjectifs aux normes de représentation et de montage des films biographiques.

Ce n'est que vers le milieu des années 1970 que j'ai commencé à comprendre la structure et le rôle problématiques de la Monoforme (que j'avais moi-même employé). La plupart de mes films ultérieurs – **The Journey** (Le Voyage, un film international pour la paix, 1983-86), **The Freethinker** (*Le libre penseur,* Suède, 1992-94), **La Commune (Paris, 1871)** (France, 1999) - ont constitué autant de tentatives visant à m'émanciper totalement de cette formule.

En résumé, mon travail, avec (essentiellement) des acteurs non-professionnels, a toujours été motivé par le désir d'ajouter une dimension et un processus qui font encore défaut à la télévision actuelle : ceux permettant à un public de participer directement, sérieusement et en profondeur, aux moyens d'expression de ce médium pour analyser l'histoire - passée, présente ou future.

Ce qui explique mon souci constant d'élargir et d'enrichir autant que possible la relation entre les spectateurs et les MMAV (y compris dans mes propres films), et d'offrir au public l'opportunité de participer à ce travail. J'ai recherché des processus permettant aux spectateurs - autant qu'à moi-même - de s'évader des contraintes du petit écran comme du format pyramidal traditionnel du documentaire. Des processus qui ont impliqué l'expérimentation de différentes méthodes d'aliénation ou de distanciation, associées à un investissement intense et exigeant de la part de "l'acteur"... pour que les fils de l'histoire, le passé et le présent, puissent enfin se tisser.

Introduction à la crise des médias

Par **Media crisis** (*crise des médias*), j'entends l'irresponsabilité croissante des mass media audiovisuels (MMAV) et leur impact dévastateur sur l'homme, la société et l'environnement.

Je parle de la *léthargie généralisée* du public face à des MMAV agissant délibérément comme des vecteurs d'idéologies violentes, manipulatrices et autoritaires ; je me réfère également à la méconnaissance chronique et largement répandue des effets que ces mass media audiovisuels *produisent sur chacun de nous.*

Je parle du refus quasi-unanime, dans les milieux professionnels concernés, d'engager le moindre débat critique touchant à leur métier. Je parle aussi de la répression féroce exercée au sein des MMAV pour maintenir les professionnels dans le rang et réduire au silence toute forme d'expression contradictoire.

Enfin, je parle de l'obstruction pratiquée par les systèmes éducatifs du monde entier pour empêcher les jeunes d'accéder *aux formes critiques d'enseignement des médias* et tout ce qui pourrait les inciter à remettre en cause le rôle et les pratiques des MMAV.

Cette grave crise planétaire pour la société civile **et** pour l'environnement est analysée ici en six domaines principaux :

• Le rôle des MMAV américains et de leur impact désastreux sur le monde politique, social et culturel.

• Le rôle, moins flagrant mais tout aussi

dangereux, des MMAV dans le reste du monde.
• Le rôle des enseignants des médias (ceux qui encouragent les jeunes à gonfler les rangs des professionnels soumis ou à ne devenir que de simples consommateurs passifs des mass media).
• Le rôle des festivals de films et des réalisateurs.
• Le rôle des mouvements sociaux.
• Le rôle du public.

Mais avant d'explorer les caractéristiques spécifiques à chaque domaine de responsabilité, je voudrais faire quelques observations préalables qui transcendent l'ensemble de la crise des médias.

Et poser, tout d'abord, concernant la fonction générale des MMAV - et ce, quel que soit le champ concerné – la question du rôle spécifique des MMAV dans notre société contemporaine.

S'agit-il d'offrir aux citoyens des informations aussi impartiales et objectives que possible ? De donner aux spectateurs le choix d'une forme de divertissement : populaire ou non, simple ou complexe, violente ou calme, mono-linéaire ou pas, brève ou prolongée, agressive ou introspective ? S'agit-il d'être à l'écoute du public (sans même parler de le faire réellement participer) ?

(Les propositions ci-dessus ne constituent pas des formules idéales, loin de là. Je les présente simplement à titre d'exemples, hélas encore virtuels, de ce que pourrait être une télévision et un cinéma commercial *pluralistes*).

Ou bien s'agit-il exactement du contraire ? Le rôle des MMAV est-il d'agresser et de piéger le public par l'uniformisation des programmes sur le plus petit dénominateur commun, c'est-à-dire sur des bases aussi superficielles et bassement commerciales que possibles ? Est-il d'encourager la violence dans la société ? De soutenir les politiques gouvernementales et de servir les intérêts des lobbys industriels et militaires, tout en entretenant un silence complice sur leurs méthodes et leurs choix ?

La télévision d'aujourd'hui répond globalement à cette deuxième série de propositions. Mais plutôt que d'être reconnus pour ce qu'ils sont – un pouvoir de plus en plus manipulateur, malveillant et destructeur – les MMAV (de quelque culture ou région du monde que ce soit) sont considérés, par une majorité du public et de nombreux intellectuels, comme un service public aussi indispensable que le réseau de distribution d'eau. Et tout aussi inoffensif.

Cette incroyable disparité entre le rôle véritable des MMAV et la conscience qu'en a le public, est l'un des phénomènes les plus alarmants de notre société moderne. Le silence assourdissant et la méconnaissance qui entourent la nature et les effets de la **Monoforme**, de **l'Horloge Universelle**, et des nombreuses formes explicites et sous-jacentes de violence à l'écran (sans parler de leur impact global en termes de culture et d'écologie) ne sont que quelques exemples, parmi les plus marquants, de la longue et inquiétante liste noire des médias.

Les *directives* mises en place par les MMAV pour définir leurs modes de fonctionnement et leurs pratiques, qui visent essentiellement à consolider la société de consommation (et donc l'exploitation économique généralisée sur laquelle elle repose) et à promouvoir la course aux armements ou l'interventionnisme militaire, demeurent totalement méconnues de l'immense majorité du public.

Le rôle des MMAV américains

Hollywood et la Monoforme

Les principaux responsables de la crise globale des médias sont les cadres et les collaborateurs des mass media audiovisuels américains. Nul besoin pour moi de parler ici des graves menaces que le Président George W. Bush et ses acolytes d'extrême-droite font peser sur notre planète. La façon dont l'administration américaine a choisi de réagir aux événements du 11 septembre 2001 - la **vengeance** plutôt que la **réconciliation** - a plongé le monde entier dans une grave crise aux conséquences incalculables. Ce qui nous importe ici, c'est que les MMAV américains ont repris à leur compte les thèses militaristes et interventionnistes du gouvernement américain, abandonnant totalement les quelques vestiges de déontologie professionnelle qui leur restaient encore en termes de devoir de réserve et d'impartialité, sans même parler de pluralité de points de vue ou d'opinion.

Pour résumer, les relations des MMAV américains avec Washington sont identiques à celles qui étaient entretenues par l'appareil de propagande de Goebbels avec la Chancellerie du Reich à Berlin et le Parti Nazi. Ils ne sont plus aujourd'hui qu'un outil de propagande pour l'Etat. C'est ainsi que nous avons pu voir des journalistes de *CNN, Fox Network, ABC-TV,* et d'autres, "embedded" (c'est-à-dire embarqués, voire "au lit avec", selon la terminologie employée pour désigner les journalistes attachés à des unités combattantes de l'armée américaine), réalisant leurs reportages en direct du champ de bataille irakien, et vêtus de l'uniforme militaire américain, symbole de leur "objectivité"... C'est-à-dire jouant très exactement le même rôle que les caméramans allemands de la Wehrmacht lancés à la conquête de la Pologne, qui rapportaient des images d'actualité du *blitzkrieg* au public passif et manipulé du Troisième Reich.

Tout aussi frappante, fut la ferveur quasi-religieuse avec laquelle les MMAV ont adopté cette posture, jetant ainsi aux oubliettes leur propre et très officielle éthique professionnelle " d'objectivité journalistique ".

On est en droit de se demander ce qu'il en est du monde de l'éducation des médias aux Etats-Unis. La formation professionnelle aux médias s'est-elle également convertie aux thèses du patriotisme manipulateur, en inventant un nouveau "code d'éthique et de déontologie professionnelle" adapté aux nouvelles pratiques?

Dans le même temps, rappelons-nous que, en ce qui concerne les médias, les précédents sont nombreux. Très nombreux. S'il est vrai que, de par leur ampleur, ces événements contemporains marquent un tournant (au sens où la politique hégémonique actuelle des Etats-Unis nous entraîne sur la voie d'une déstabilisation à l'échelle planétaire), il ne faut pas oublier que cette évolution des médias audiovisuels de masse est perceptible depuis le milieu des années 1970. La guerre des Malouines et la première guerre du Golfe nous avaient déjà offert quelques aperçus de l'appareil de propagande que les médias pouvaient déployer. Pourtant, nous avons choisi d'ignorer ces avertissements (pour ne pas dire que nous y avons été encouragés).

Je détaille plus loin, les différents aspects négatifs des MMAV développés au cours des années 1970. On y retrouve ainsi le développement de la Monoforme, puis de l'Horloge Universelle, la commercialisation des programmations documentaires et historiques, la mise en place d'un redoutable système de répression, et le refus de plus en plus ferme d'impliquer le public dans tout débat démocratique concernant ces thèmes.

Pour ceux qui me lisent pour la première fois : **la Monoforme** est le dispositif narratif interne (montage, structure narrative, etc.) employé par la télévision et le cinéma commercial pour véhiculer leurs messages. C'est le mitraillage *dense* et *rapide* de sons et d'images, la structure, apparemment fluide mais structurellement fragmentée, qui nous est devenue si familière. Ce dispositif narratif est apparu lors des premières années de l'histoire du cinéma avec le travail novateur de D. W. Griffith* et d'autres qui ont développé des techniques de montage rapide, d'action parallèle, d'alternances entre des plans d'ensemble et des plans rapprochés... De nos jours, la Monoforme se caractérise également par d'intenses plages de musique, de voix et d'effets sonores, des coupes brusques destinées à créer un effet de choc, une mélodie mélodramatique saturant les scènes, des dialogues rythmés, et une caméra en mouvement perpétuel.

Il existe plusieurs variantes de la Monoforme : la structure narrative mono-linéaire classique, utilisée dans les films de cinéma, les sitcoms et

* David Wark Griffith est l'un des pères fondateurs du cinéma américain. Avec près de 550 films à son actif en tant que metteur en scène, il a touché à tous les genres, a souligné l'importance du montage alterné et du gros plan, a rendu la caméra mobile et accordé une importance toute particulière au cadrage.

les feuilletons policiers ; le mélange fluide de thèmes et d'images apparemment décousues, propre aux chaînes de télévision musicales telle que *MTV*; la structure saccadée et fragmentaire des informations télévisées du monde entier ainsi que de nombreux documentaires (décrit par un réalisateur comme la méthode du "moule à tarte", c'est-à-dire un modèle reproduisant à l'infini le cycle brève interview, plan de coupe, *voix-off*...).

Ces variantes de la Monoforme ont des caractéristiques communes : elles sont répétitives, prévisibles, et fermées à toute participation des spectateurs. Contrairement aux apparences, elles s'appuient toutes sur une utilisation très rigide et contrôlée du temps et de l'espace. Ces normes sont développées par et pour les médias et non pour servir l'énorme potentialité de désirs existant chez les spectateurs. Il est fondamental de comprendre que ces variantes de la Monoforme sont toutes fondées sur l'hypothèse convenue que les spectateurs sont immatures, et qu'ils ont donc besoin de dispositifs de présentation familiers pour être "accrochés" (i.e., manipulés). C'est pourquoi tant de professionnels des médias s'appuient sur la Monoforme : les ingrédients tels que la rapidité, le montage-choc, le manque de temps et d'espace, garantissent que les spectateurs n'auront pas le loisir de réfléchir à ce qui leur arrive.

À ce stade, il est **indispensable** de comprendre que le processus audiovisuel (la façon dont la télévision et le cinéma sont formatés et présentés) pourrait incorporer d'innombrables formes narratives *distinctes*, englobant des combinaisons très complexes et variées d'images et de sons, en utilisant la durée, l'espace, le temps et le rythme d'une manière radicalement différente à celle de la Monoforme. Du fait notamment de ces différences, un grand nombre de ces formats narratifs pourrait également impliquer de *nouvelles formes d'interaction avec les spectateurs*. Ces processus alternatifs pourraient aïnsi s'appuyer sur la durée, la complexité, la dissociation, l'ambiguïté, pour libérer les spectateurs de l'emprise exercée par la Monoforme et ses dispositifs narratifs hollywoodiens.

Lors d'une projection réservée aux professionnels, un jeune monteur-réalisateur de documentaires canadien déclara d'un ton péremptoire : "La Monoforme, *c'est* la télévision !" ; dans le sens où c'est ce que la télévision est *devenue*, il a raison. Toutefois, il se trompe complètement s'il implique de fait, que c'est là son état naturel. Comme je viens de le souligner, la Monoforme n'est au contraire que l'une des innombrables formes narratives pouvant servir au processus de production télévisuel.

Le problème, c'est que la Monoforme a arbitrairement écarté toutes les autres formes narratives audiovisuelles, et qu'elle a été unilatéralement imposée pour régner sur les outils de communication les plus puissants actuellement. La Monoforme n'a strictement rien à voir avec l'énorme potentiel créatif de la télévision ou du cinéma documentaire. Les raisons de l'assujettissement des médias à la Monoforme sont d'ordre économique et politique.

De nos jours, la Monoforme structure probablement plus de 95 % de la production télévisuelle et du cinéma commercial, et affecte de manière significative les émissions radiophoniques.

La méthode la plus simple pour repérer cette forme narrative particulièrement manipulatrice est de suivre les journaux télévisés sur plusieurs jours et d'analyser la façon dont les informations sont présentées. Pour démarrer par le niveau le plus primaire et le plus évident, notez les mots employés par le présentateur et les journalistes, le minutage de chaque sujet et leur ordre de passage, les personnes montrées à l'écran et le temps de parole qui leur est accordé (s'ils s'expriment), les séquences utilisées pour illustrer les sujets... Une analyse fouillée de ce premier niveau révélera non seulement les partis pris de la rédaction mais aussi les structures répétitives de la narration.

Cette forme visible du processus narratif est ensuite cadrée, découpée, compartimentée, et délimitée par la partie immergée de la Monoforme, qui englobe la façon dont le temps et l'espace sont structurés par la phase du montage. Les mouvements de la caméra, le cadrage et l'emploi du son constituent également des composantes essentielles. La Monoforme peut être opportunément comparée à une grille **I-I-I---I-I---I-I-** (les traits verticaux représentent des coupes au montage) plaquée sur le matériau vivant qui découpe l'histoire, les protagonistes et les émotions, à la manière d'une machine à fabriquer des frites.

L'une des séquelles particulièrement préoccupantes du recours constant des MMAV à la Monoforme est la rapidité. Cette **rapidité** excessive et récurrente, qui nivelle et fragmente, est devenue la "norme" imposée, y compris dans le domaine de la réalisation documentaire. Ce facteur est probablement l'une des causes principales du renforcement, observé ces dernières années, du rapport de domination exercé par les responsables des médias sur le public.

Comme le démontre l'histoire du montage au cinéma, le choix d'une cadence rapide n'est évidemment pas à bannir du langage cinématographique. Les étonnantes juxtapositions réalisées par les cinéastes russes Eisenstein et Poudovkine, par exemple, sont une façon parmi d'autres d'utiliser des images furtives de manière complexe. (La juxtaposition de deux images apparemment disparates dans le but de créer une troisième image, mentale celle-ci, fut une découverte technique surprenante, qui rompait avec le processus narratif traditionnel de l'époque).

La rapidité - de même qu'un rythme *lent* et *soutenu* - peut être utilisée de façon créative et complexe dans le langage audiovisuel. Mais les choses se gâtent lorsqu'il ne reste plus que ça. Rapidité rime généralement avec *brièveté*. Et lorsqu'on en fait l'aspect dominant de la forme narrative, cette structure devient un *contre-processus*, quoiqu'en disent les intellectuels des médias.

Ce recours constant à la rapidité se transforme en *contre-processus* parce que l'un des traits caractéristiques de l'espèce humaine est que nous avons un besoin vital de *temps*, de *durée*, et d'*espace*. Ces éléments sont indispensables à notre capacité de juger, de réfléchir, de nous interroger, et de libérer notre pensée. Nous en avons besoin pour progresser tout au long de notre vie. Ces éléments nous aident à nous questionner et à communiquer avec les autres et le monde qui nous entoure.

Malheureusement, depuis plusieurs décennies, les intellectuels des médias affirment que nous n'avons plus besoin ni de *temps* ni d'*espace* pour appréhender des idées complexes. Nous aurions été si bien "éduqués" à la lecture audiovisuelle qu'il serait même tout à fait possible d'accélérer notre rythme d'ingurgitation des images.

Mais l'emploi permanent de la Monoforme - avec son absence d'espace de réflexion, son entrain narratif (difficilement détectable tant elle paraît fluide), sa progression mono-linéaire et ininterrompue (qui fige ainsi la mémoire en déniant toute complexité à l'expérience humaine) - a eu d'évidentes et d'incalculables conséquences à long terme sur nos émotions. Cela nous a désensibilisé, non seulement vis-à-vis d'un certain nombre de choses qui apparaissent à l'écran, mais également vis-à-vis de tout ce qui nous entoure (en particulier la violence, et le sort réservé à autrui).

Par sa capacité de fragmentation et de division, cette forme narrative génère de fortes impulsions anti-démocratiques au sein du processus social. Le manque d'inclination, si répandu dans nos sociétés occidentales, pour toute forme d'*engagement collectif*, au profit de son contraire (des comportements de plus en plus égoïstes, auto-centrés et la privatisation de la sphère publique), n'est que l'une des manifestations des effets sous-jacents à long terme de la Monoforme. La relation étroite qui existe entre ces caractéristiques, et le pouvoir des MMAV en tant que moteur de la consommation de masse, est chaque jour plus évidente.

Pour démontrer que la Monoforme n'est que l'une des structures cinématographiques disponibles (actuellement détournée par les MMAV pour exploiter ses effets et caractéristiques les moins recommandables), permettez-moi de citer un film iranien. **Un temps pour l'ivresse des chevaux** atteste que, *pour autant qu'elle soit employée avec créativité*, la Monoforme peut clairement, comme toute autre forme, déboucher sur des oeuvres de valeur.

Réalisé par Bahman Ghobadi, ce film a obtenu la Caméra d'Or au Festival de Cannes en 2000. C'est un portrait profondément poignant de la détresse des enfants dans un monde cruel et injuste. On pourrait dire que ce film est un "documentaire fiction". L'histoire se déroule dans les montagnes désolées et enneigées du Kurdistan iranien, près de la frontière irakienne. Ayoub, l'aîné d'un clan de frères et sœurs orphelins, est contraint de se lancer dans la contrebande dans l'espoir de sauver son frère atteint d'une grave maladie.

Le film évoque la sincérité et le réalisme d'une école de fiction documentaire qui semble révolue, surtout pour qui se souvient des oeuvres de Visconti, De Sica, Rossellini et tant d'autres cinéastes italiens de l'après-guerre. Le rythme narratif de **Un temps pour l'ivresse des chevaux**, tout en étant très proche de la Monoforme, nous montre qu'il est malgré tout possible d'utiliser de façon positive une structure aussi souvent pervertie que perverse.

Le film travaille avec la Monoforme de manière créative : c'est ce qui se déroule *à l'intérieur de chaque scène* qui en fait une oeuvre exceptionnelle. La puissance et la vérité du "jeu" des jeunes acteurs, la manière dont certaines expressions de stupéfaction se figent sur leurs visages, la détermination des enfants à agir pour le bien d'autrui face à l'adversité la plus implacable, tous ces éléments concourent à transcender le traitement classique de la Monoforme.

Bien évidemment, **Un temps pour l'ivresse des chevaux** sort grandi de l'absence d'une narration dominante, d'effets spéciaux, de bande-son saturée et d'un montage à électrochocs. Mais c'est davantage le profond et l'évident respect du réalisateur pour ses personnages et sa volonté de laisser aux spectateurs un large éventail d'interprétations, qui font de ce film une exception, un exemple du potentiel de la Monoforme pour ce type de fiction documentaire. Ainsi, **Un temps pour l'ivresse des chevaux**, du fait même de son caractère exceptionnel, est, dans le même temps, un pavé dans la mare de l'audiovisuel en crise.

Dans le climat médiatique actuel, **Un temps pour l'ivresse des chevaux** aurait-il pu être produit pour la *télévision* ? Ne serait-ce que compte tenu de sa durée d'1 heure 20mn, la réponse à cette question serait probablement négative.

Ceci nous amène à un deuxième aspect de l'utilisation anti-démocratique de la forme et de l'espace à la télévision, qui a donné son titre au film documentaire de Geoff Bowie et Petra Valier, **L'Horloge Universelle** (qui traite du processus de réalisation du film **La Commune (Paris, 1871)**). Le titre **L'Horloge Universelle** est né de cette pratique contemporaine, qui consiste à formater tous les programmes télévisuels pour les conformer à des créneaux horaires standardisés (soit une durée totale de 47 ou 52 minutes pour les "longs-métrages" et de 26 minutes pour les courts) ; l'objectif étant avant tout de se plier à l'aménagement d'un temps spécifique réservé aux annonceurs publicitaires dans chaque tranche horaire.

De cette façon, les éléments "d'information" audiovisuels, une fois passés au moule de la Monoforme, sont re-standardisés par un emballage formé de blocs temporels uniformes. Ceci élimine soigneusement toute question relative au contenu de ce qui est montré à la télévision mais aussi l'idée que des sujets ou des styles de réalisation pourraient nécessiter des critères de durée différents : tout est jeté à la moulinette du temps, haché et régurgité en blocs "monoformés" de même durée.

Ce qui est en cause ici - digne d'un roman d'Orwell et d'une arrogance crasse - c'est que les cadres des médias jouissent non seulement du pouvoir arbitraire de modifier notre notion du temps (une tranche horaire à la télévision est égale à 52 minutes), mais sont auto-investis de la capacité et du droit d'appliquer cette norme temporelle à la planète entière. Sans compter que les annonceurs parviennent à pousser les cadres des médias à augmenter toujours plus le temps réservé à la publicité, au détriment du temps réservé à ce qu'on appelle pudiquement "le contenu". Un projet en cours prévoit même le développement d'une technologie de pointe permettant, à l'insu des spectateurs (voire du réalisateur), de supprimer quelques images pour chaque seconde de film projeté. Ainsi imperceptiblement accéléré, le film laisserait encore plus de place à la publicité pour chaque " heure " de télévision.

Comme le déclare tranquillement un responsable de programmes dans **L'Horloge Universelle**, la standardisation de la durée de toutes les émissions, films et documentaires télévisés, permet également aux chaînes de faire face à des "trous" inattendus dans leur programmation : rien de plus facile que de trouver un produit de remplacement lorsque toutes les émissions, quels que soient leur thème ou leur sujet, sont de même durée. Les responsables sont assurés, qu'en piochant au hasard dans leurs archives, ils trouveront une émission parfaitement calibrée pour le "trou" concerné. Les questions de contenu n'entrent quasiment pas en ligne de compte puisque tout ce qui passe à la télévision est de toute façon non seulement formaté mais aussi politiquement émasculé (ou plutôt conformé au moule idéologique de la globalisation libérale).

La Monoforme et l'Horloge Universelle ne sont pas les seules formes et pratiques médiatiques préoccupantes. Est également mis en cause la **structure narrative**, c'est-à-dire la forme qui détermine l'agencement des scènes et des séquences à l'intérieur d'une histoire, avant que celle-ci ne soit conformée au rythme spatial et temporel de la Monoforme.

Il s'agit de la structure narrative **Hollywoodienne** classique, avec son processus mono-linéaire doté d'un début, d'un milieu et d'une (soi-disant) fin, sans oublier les points culminants et les moments de répit censés "entretenir le suspense et capter notre attention".

C'est là un autre aspect de la crise des médias : l'obsession, si largement partagée chez une majorité de professionnels des MMAV, y compris chez les journalistes de la télévision, qu'il faut non seulement privilégier les rythmes accélérés (rapidité rime avec qualité) mais aussi respecter la structure narrative traditionnelle ("raconter des belles histoires "qui ont" de bonnes chutes"). Nombre de ces professionnels, dont ceux qui financent les documentaires produits pour la télévision, sont des adeptes inconditionnels de "l'intrigue solide" et des "personnages forts". Si d'aventure, vous rencontrez des responsables des médias qui démentent mes propos, faites-en l'expérience vous-mêmes. Où que vous soyez dans le monde, installez-vous devant votre télévision pendant une semaine, puis passez la semaine suivante dans le multiplex le plus proche. Détachez-vous froidement de l'histoire, des acteurs, pour n'observer que la forme et la structure narrative. Les preuves sont là.

Depuis déjà fort longtemps, les cadres d'Hollywood prétendent que leurs films ne sont absolument pas motivés par des considérations sociales ou politiques : "Tout ce qui nous intéresse, c'est de raconter de bonnes histoires, chargées d'émotion et de passion avec des personnages forts auxquels les gens peuvent s'identifier".

Le refus d'assumer toute responsabilité pour les effets sociaux et politiques que tout film induit chez le spectateur, représente depuis longtemps l'une des motivations principales d'Hollywood, ce qui l'incite à éluder toute analyse de son impact de plus en plus dévastateur sur la société globale.

Il s'agit moins du procès des "histoires" en tant que telles, que de celui du *modèle narratif unique et uniforme* imposé par Hollywood et les MMAV.

Tout aussi problématique est le fait que les "histoires" hollywoodiennes sont profondément manipulatrices, au service d'objectifs sociaux et politiques sous-jacents qui véhiculent des modèles et des valeurs hautement discutables. Ces histoires, autant que les structures narratives qui les accompagnent, portent une lourde responsabilité dans la diffusion d'idées et de stéréotypes impérialistes de la pire espèce, l'établissement de nouveaux records mondiaux en termes de violence, de sexisme et de racisme, et dans la propagation de comportements bellicistes et de politiques consuméristes qui n'en finissent pas de ruiner notre planète. *Le fait que ces orientations soient camouflées derrière les processus, en apparence "inoffensifs", du "divertissement" et de "l'art de raconter des histoires", n'en constitue qu'une circonstance aggravante supplémentaire.*

Je compare souvent la structure narrative hollywoodienne à une montagne russe, destinée à proposer aux spectateurs un voyage émotif minutieusement guidé et entièrement prédéterminé. Les rails représentent la structure narrative qui monte et descend pour relier les points culminants et les moments de répits de l'histoire. La Monoforme y joue le rôle de système de régulation personnel, contrôlant le niveau d'alimentation en émotions et le degré d'espace accordé à la réflexion.

Nous pouvons ainsi déconstruire le mythe absolu selon lequel les films (y compris les documentaires) construits sur ce schéma ne sont rien de plus que des divertissements neutres, apolitiques et inoffensifs. Un mythe tout aussi savamment entretenu que le mythe de "l'objectivité" défendu par les directeurs de rédaction des informations télévisées.

À ce jour, l'absence de débat public autour de ces divers aspects du rôle des mass media a singulièrement bien réussi à empêcher toute remise en cause d'envergure de ces mêmes mythes. À l'aube d'une nouvelle période particulièrement explosive et dangereuse de notre histoire, il nous incombe pourtant de mener une analyse approfondie de ce qui est à l'œuvre.

Considérons la posture de certaines productions hollywoodiennes vis-à-vis des réactions populaires de peur et d'agressivité latente après les attaques contre le *World Trade Center* de New York le 11 septembre 2001. La sortie consécutive de plusieurs films " d'action " (**La chute du faucon noir, En territoire ennemi, Dommage collatéral**) souligne la vision interventionniste d'Hollywood quant à la politique mondiale. Les films de guerre sanglants vantant les mérites du machisme, du patriotisme, de l'amitié virile et le culte du héros ne sont sans doute pas les meilleurs remèdes au profond malaise qui affecte nos sociétés. (Les rares films de guerre hollywoodiens qui échappent à cette catégorie – **La ligne rouge** en est un exemple intéressant - ne peuvent cacher la tendance dominante).

Les questions de hiérarchie et de centralisation sont plus préoccupantes et encore plus insidieuses que cette forme de violence (sur laquelle je reviens plus loin). Une vérité qui dérange, c'est que le conte traditionnel - la structure narrative mono-linéaire aristotélicienne ("il était une fois", "et ils vécurent heureux"...) - a toujours comporté une dimension autoritaire, en ce sens qu'il vise à soumettre un public passif à un processus induit de catharsis.

Cette forme narrative peut (?) s'avérer relativement (?) anodine (?) lorsqu'elle sert les histoires racontées aux enfants avant de les mettre au lit. Mais elle prend une toute autre dimension lorsqu'elle est diffusée par les mass media audiovisuels sur des écrans de cinéma géants ou par les programmes télévisés du soir. Non seulement on administre ce *processus autoritaire* par gavage mécanique de la conscience collective, mais qui plus est, sa fonction est détournée pour propager des effets moins avouables, comme l'envie, l'anxiété, la peur, le consumérisme, une vision étriquée des relations interpersonnelles, ou encore le *respect de la hiérarchie*.

Particulièrement préoccupante est la façon dont ces pratiques d'uniformisation, propres aux MMAV, affectent directement la réalisation documentaire et ce, d'autant plus qu'un nombre croissant de documentaristes se nourrit avidement des astuces et stratégies narratives sorties d'Hollywood. Comme je l'ai déjà dit, les responsables des programmes et les cadres des télévisions insistent désormais pour qu'on trouve dans les films qu'ils financent de "bonnes intrigues" et des "personnages forts". (La multiplication d'émissions de "télé réalité" rivalisant de voyeurisme est l'une des conséquences directes de ce processus).

Lors de l'édition 2002 du Festival du documentaire-télé de Banff, un haut responsable de la *CTV* (télévision canadienne) a déclaré : "Nous diffusons [le documentaire] en *prime time*, et les gens en sont plus friands que jamais... Les gens adorent les documentaires qui racontent de bonnes histoires. C'est un genre qui revient à la mode." L'hypocrisie qui sous-tend cette déclaration doit être combattue. D'abord, ce qui est diffusé en *prime-time* n'a pas grand-chose à voir avec la réalisation documentaire. De plus, s'il est vrai qu'il existe bien un appétit pour une nouvelle forme de mass media, nous savons que ce n'est certainement pas ce à quoi ce responsable fait allusion. L'appétit dont il parle est un appétit pour les niaiseries superficielles que l'on fait passer si souvent pour des films documentaires. Lui et les membres de sa profession n'ont aucune idée de ce que souhaite le public... et cela ne les intéresse d'ailleurs absolument pas de le savoir.

L'affirmation soutenue par les MMAV, selon laquelle les seuls documentaires valables sont ceux qui utilisent la structure narrative traditionnelle, est fondée sur le mythe, alimenté au cours de ces dernières années par les professionnels des médias, d'un public stupide qui se satisfait de productions simplistes. Le cadre de la *CTV* peut difficilement prétendre que "c'est un genre qui revient à la mode", puisque le genre documentaire auquel il fait référence n'existe que depuis que les gens de sa profession l'ont imposé par la force et la censure.
Les producteurs de films hollywoodiens et les cadres des médias qui produisent des documentaires se servent de la structure narrative pour arriver aux même fins : distraire les spectateurs en les menant par le bout du nez. Le divertissement devant, bien entendu, être suffisamment entraînant pour dissuader toute remise en cause par le public des formes et des méthodes qu'on lui sert.

Les "personnages forts", imposés par ces " contrôleurs des médias ", traduisent tout autant leur besoin artificiel d'effets immédiats, que leur horreur de tout ce qui peut rappeler la complexité des ressorts humains. La contradiction est d'ailleurs frappante. Pour la télévision et Hollywood, quelqu'un de " fort ", c'est un personnage superficiel et caricaturé. Le participant à une émission de "télé réalité" qui crie "Ouiiii!!!" et lève les bras au ciel après avoir gagné 50 000 euros en "surmontant" sa phobie des tarentules, est une personne qui peut prétendre au recrutement pour le casting des "forts". Un candidat qui ferait part de l'ambiguïté des pulsions qui motivent son désir de participation à une telle émission, ne franchirait même pas le filtrage du standard d'accueil. (Les "personnages forts", désireux de critiquer la militarisation de la planète ou le processus audiovisuel actuel sont priés de s'abstenir).

Vous aurez sans doute déjà compris que l'un des thèmes qui sous-tend mon propos repose sur ma conviction que cet état des choses n'est pas une fatalité ! L'immense palette de possibilités offerte par le support audiovisuel est attestée par une grande quantité de films réalisés par le passé mais aussi par certains films récents. L'histoire du cinéma fourmille d'exemples étonnants de films construits sur des formes cinématographiques complexes et alternatives.

À ce stade, vous êtes en droit de vous demander : "Mais alors, elle est où votre crise ?". Un premier niveau de réponse, évident quoique insuffisant, consiste à comparer la production quotidienne de films (documentaires et fictions) standardisés avec le nombre infime de films authentiquement alternatifs. Sans oublier que la plupart de ces derniers ne sont jamais montrés au grand public.

Si l'on devait appliquer cette uniformisation à d'autres champs de la culture, l'ensemble du monde littéraire, par exemple, se résumerait à des "histoires" formulées sur le schéma imposé d'une narration simpliste, brève et répétitive. Dans le domaine des arts plastiques, on peut imaginer que le résultat se rapprocherait de la "peinture à numéros" (*painting by numbers*).

Il est urgent de mesurer l'étendue des implications à long terme de la crise des médias actuelle. C'est peut-être notre seule chance de pouvoir inverser la tendance qui nous entraîne vers un désastre global.

À force de subir les histoires dérisoires, fragmentaires et clonées du processus médiatique, c'est notre histoire elle-même qui s'évanouit. Et en perdant ainsi le sens de l'**histoire**, du rôle complexe et essentiel qu'il joue dans la définition du lien social, nous nous perdons aussi.

Selon l'historien américain Arthur Schlesinger Jr. : " L'histoire est pour une nation ce que la mémoire est pour un individu. Privés de mémoire, les individus sont désorientés et perdus, ne sachant plus ni d'où ils viennent, ni où ils vont. De même, une nation, dépossédée de toute conscience de son passé, sera incapable d'affronter son avenir."

Les dégâts provoqués par des décennies de feuilletons et autres émissions historiques "populaires" (telle que *The Jacqueline Onassis story*) sont redoutables. Tout autant que la soupe quotidienne des journaux télévisés qui nous servent des informations tronquées, partiales et préfabriquées. Une présentation de notre Histoire qui affaiblit le sens de notre relation au monde, et de la place que nous y occupons.

Pour les journaux télévisés, l'histoire contemporaine se résume à une série de 'brefs extraits d'interviews d'hommes politiques, et à des clips de 30 secondes consacrés au dernier accident de la route, aux conflits armés, et aux nouvelles rumeurs de la presse "people". Cet assortiment disparate de milliers de petits morceaux "d'actualité" nappés de sauce publicitaire, pourrait nous faire penser à un énorme puzzle cauchemardesque. Ainsi, les MMAV du monde entier, sous le haut patronage de leurs aînés américains, instrumentalisent (voire institutionnalisent) la négation de l'histoire et le chaos social et politique qu'elle engendre.

Sans reconnaissance de l'histoire (dont nous sommes le matériau vivant) et sans une modeste capacité de tirer des enseignements de nos erreurs comme de nos réussites et du savoir passé, nous perdons un pan essentiel de notre humanité. Nous sommes réduits à n'être que des statistiques de la "réalité" médiatique, des êtres reconstitués selon les mœurs et les désirs du monde audiovisuel, lui-même façonné selon les impératifs du capitalisme mondial et de l'économie de marché (*free-market*, "libre" selon les anglophones).

De ce point de vue, la Monoforme et l'Horloge Universelle, qui structurent la quasi-totalité des programmes télévisés, ont des conséquences désastreuses pour le secteur créatif des MMAV. Le fait que ces formats soient désormais imposés par la force et la censure n'arrange évidemment rien. Mais la véritable tragédie, celle qui motive l'essentiel de mes propos, réside dans l'impact qu'ont ces formatages sur le **public**. Depuis les années 1970, une tendance de plus en plus affirmée est de ne considérer le public qu'en termes de parts d'audience ballottées d'une expérimentation commerciale (ou pseudoinformative) à une autre. Derrière le dense camouflage syntaxique du "politiquement correct", la réalité de la télévision actuelle est tout sauf "libérale". La vision de ces jeunes producteurs et présentateurs, qui officient au sein d'émissions aussi réactionnaires que manipulatrices, est un spectacle d'autant plus ahurissant et affligeant qu'un grand nombre de ces émissions cible spécifiquement le marché des jeunes.

De fait, c'est la **totalité** même du rapport de domination, exercé par les mass media audiovisuels sur le public, qui est particulièrement préoccupante. Car elle est parvenue à éliminer toute notion de dialogue, d'échange d'idées et de désirs, sans parler du concept même d'un public jouant un rôle directement **créatif** au sein de ce que l'on ose encore appeler la "communication de masse". (cf. Annexe 1 – *La théorie du Garde Barrière* et Annexe 2 – *Les MMAV et la mondialisation*)

Comme je l'ai dit, ces développements, qui laissent présager que le pire est encore à venir, étaient perceptibles dès la fin des années 1970. Mais la lâcheté des professionnels de l'audiovisuel et des enseignants des médias a empêché tout débat critique d'envergure sur ces questions. La mise en place progressive d'un système répressif de plus en plus performant s'est chargée de marginaliser les rares voix et pratiques audiovisuelles " dissidentes ". On ne peut comprendre la position de domination globale des MMAV actuels, ni l'absence frappante de tout débat public ou de remise en cause de ce processus, sans mesurer l'ampleur de cette prise de pouvoir.

Mais revenons au rôle actuel des MMAV américains et, pour illustrer l'un de ses aspects majeurs, examinons les informations télévisées diffusées aux Etats-Unis depuis les événements du 11 septembre 2001.

Je dois d'abord souligner que je ne souhaite pas manquer de respect aux familles ni aux proches des victimes du 11 septembre 2001, loin de moi cette idée. Mon intention est de démontrer comment les hommes politiques et les MMAV ont exploité et dévoyé le chagrin personnel - et celui plus général et plus abstrait du public - pour fabriquer une atmosphère explosive chargée d'émotion publique qui permettait de servir leur projet d'intervention armée en Irak (mars 2003).

Cette psychose guerrière n'est nullement un mal américain. Nous en avons été maintes fois témoins au cours du XXe siècle : avant la seconde guerre mondiale dans l'Italie fasciste et l'Allemagne nazie, en Angleterre pendant la guerre des Malouines... Le rôle primordial joué par les mass media est le lien qui unit chacun de ces événements tragiques.

Il est vrai que les hommes se sont toujours fait la guerre, bien avant l'apparition des mass media. Mais la spécificité de l'influence des mass media audiovisuels consiste à toujours envenimer des situations qui auraient potentiellement pu prendre un tournant plus pacifique. Le fait que les politiciens demandent aux médias de les aider à orchestrer une psychose guerrière, ne justifie aucunement le rôle que les MMAV acceptent de jouer.

Depuis le 11 septembre 2001, le hit-parade des manipulateurs de masse de la télévision américaine inclut : *CNN, ABC, NBC, Fox Network,* et des centaines de télévisions locales affiliées.

Leurs outils sont :
• **L'instrumentalisation des émotions** afin de créer les conditions d'une psychose propice au déclenchement d'une guerre : la *victimisation*, le *nationalisme* belliciste, la glorification du culte du *héros*, la peur de *l'autre*, le désir primaire de *vengeance*.

Ainsi, depuis le 11 septembre 2001, la télévision américaine atteint des sommets dans la bassesse : les faux-semblants de "l'objectivité" sont jetés aux oubliettes au profit d'un impressionnant catalogue d'astuces bon marché visiblement employées pour exploiter l'émotion publique. Certains aspects de la mise en scène et de l'idéologie semblant directement inspirés du film **Le Triomphe de la volonté** (*Triumph des Willens*, une oeuvre de propagande nazie dirigée en 1934 par Leni Riefenstahl).

Le spectacle offert par *CNN* pour la commémoration du World Trade Center, un an après l'attaque, fut particulièrement édifiant : d'interminables panoramiques sur des drapeaux américains claquant au vent; une succession de fondus et de zooms avant et arrière sur les visages en larmes des proches en deuil; des duplexs avec les offices religieux de la cathédrale Saint-Paul de Londres et ceux de la base de Bagram en Afghanistan; la séquence de l'attaque du *World Trade Center* repassée en boucle (agrémentée d'une musique d'ambiance narrative) ; les plans des familles des victimes égrenant la liste des morts (dont les noms apparaissaient sur le bandeau défilant au bas de l'écran, espace normalement réservé aux flashs d'infos et aux indices boursiers); les commentaires serviles des présentateurs de *CNN* vantant les mérites du Président George W. Bush (dans le genre : "Cette année lui a apporté une grande détermination...").

Tout aussi effrayantes furent les scènes diffusées depuis le Pentagone rénové : le Président George W. Bush et le Secrétaire à la Défense Donald Rumsfeld fixant des yeux un drapeau américain gigantesque qui se déployait en lente cascade le long de la façade; un général américain bénissant le Pentagone avec ces mots : "Nous sommes les défenseurs de la morale."

• **La personnalisation de l'histoire.** L'exploitation du chagrin par les médias américains est particulièrement manifeste dans la manière dont chaque personne liée aux événements du 11 septembre 2001 fut instantanément transformée en héros. Les victimes étaient des héros, de même que chacun des membres de leurs familles. Les héros sont devenus des icônes médiatiques assiégées par les caméras (tout au moins ceux d'entre eux qui ne gisaient pas dans un cercueil) : les MMAV américains ont transformé l'événement en un interminable et cruel *soap-opera* (feuilleton à l'eau de rose) dans lequel les familles des victimes étaient inlassablement poussées à témoigner de leur douleur face à la perte d'un fils, d'une fille, d'un frère ou d'une mère. Le tout accompagné de séquences alternant les images des visages ruisselants de larmes et des portraits des disparus.

Lors d'une émission d'Oprah Winfrey, la séquence des lamentations fut assurée par un petit groupe de veuves du 11 septembre. On leur demanda de regarder un moniteur qui diffusait un diaporama de photos de leurs maris décédés. Les responsables de l'émission organisèrent l'alternance répétée des images de ce montage photographique avec celles des veuves éplorées. Après quelques minutes de ce dispositif traumatisant, je me suis aperçu que les visages n'étaient plus les mêmes. Il m'a fallu quelques secondes pour comprendre que j'étais désormais plongé dans une publicité pour *Paxil*, une marque d'antidépresseurs. La transition était si subtile, que l'on ne pouvait savoir avec certitude si les personnes qui apparaissaient à l'écran évoquaient leurs "troubles psychiques" ou leur peur d'une prochaine attaque terroriste.

Dans ce processus accablant de manipulation des sentiments, le rôle des présentateurs et animateurs était particulièrement frappant : "**Comment vous sentez-vous ?**", "Où puisez-vous tout ce courage ?", "Il/elle vous manque ?". Dégoulinants de compassion, ils n'en finissaient pas de fouiner, de solliciter, de traquer et de suggérer. On comprenait que ce processus sournois, l'exhibition de ces pauvres familles pleurant leurs morts et racontant même des anecdotes (comme celle du chien qui attend en vain sous le lit conjugal le retour de son maître), ne s'arrêterait pas tant que les médias pourraient en faire leur miel. Car ces images, jetées à la conscience collective, correspondaient très exactement à ce dont la télévision et les représentants du gouvernement avaient besoin. Elles étaient non seulement conformes aux canons de la narration hollywoodienne, mais concordaient parfaitement avec la mentalité de victimisation paranoïaque dans laquelle s'enfonçait de plus en plus profondément l'Amérique (et dont dépendait l'option militaire).

Dans la famille nombreuse des clones de l'*Oprah Winfrey Show* (où le public américain est invité à s'exhiber et où il pousse des cris d'horreur lorsqu'une adolescente de 16 ans ose dire "Va te faire foutre !" à son père), il existe une émission intitulée *The Maury Show*. Quelques jours avant le premier anniversaire du 11 septembre, l'animateur annonça : "Quel meilleur hommage aux victimes que de vous montrer leurs noms. Regardez attentivement, voici nos héros !". Et son image d'être soudainement remplacée par la liste des 3000 victimes défilant rapidement sur l'écran tandis qu'on pouvait entendre un crooner de variété chanter : "Il y aura toujours une place pour toi dans mon cœur."

Mais le cœur, précisément, n'y était pas. Et les noms défilaient bien trop vite pour pouvoir être lus. Tout cela donnait plutôt l'impression désagréable que la seule fonction de cette liste était de laisser suffisamment de place à la prochaine coupure publicitaire (dont la durée d'affichage du texte offrait, pour le coup, un grand confort de lecture). Le rapprochement qu'opérait cette vitesse de défilement, entre cette liste furtive de héros et le générique des feuilletons policiers ou des *soap-operas*, n'était pas non plus de nature à nous rassurer sur la sincérité des motivations de diffusion.

L'une des questions préférées des présentateurs américains aux familles endeuillées était la suivante : "Vous avez décidé de tourner la page ?". Pour les médias américains (et l'administration Bush) en revanche, il était évidemment hors de question de tourner la page ! Ils sentaient bien qu'ils tenaient "un bon filon" : une psychose collective organisée, qui, si elle était habilement orchestrée, pouvait simultanément générer des taux d'audience records pour la télévision et le cinéma commercial, et soutenir l'administration dans sa politique d'agression militaire. Toute cette campagne nauséabonde n'était finalement qu'un prélude populaire, la longue bande-annonce du grand soir.

C'est ainsi que s'est perpétué mois après mois, un processus cynique d'exploitation et de manipulation du peuple américain (avec, il faut malheureusement l'admettre, la complicité tout à fait volontaire d'un certain nombre d'individus).

Cette théâtralisation médiatique de la douleur ne laissait, bien entendu, aucune place aux thèmes du pardon et de la compassion pour les peuples opprimés ou les pays moins fortunés ? Et il n'a évidemment pas été question d'essayer de comprendre les éventuelles raisons historiques et géopolitiques qui avaient pu motiver une telle attaque contre les Etats-Unis.

• **La vengeance.** Parallèlement aux descriptions de la psychose américaine, plusieurs journalistes américains courageux (dont Lewis H. Lappham de *Harpers' magazine*) ont attiré notre attention sur d'autres aspects importants liés à la crise de l'après 11 septembre 2001. Notamment sur le fait que les Etats-Unis auraient pu profiter de l'attaque sur le World Trade Center pour initier une prise de conscience morale et politique collective, en faire le moment d'une réflexion approfondie sur l'impact de l'Amérique dans le monde, les effets de ses politiques d'interventionnisme militaire et de son niveau de consommation scandaleusement élevé. Qu'il était possible de saisir cette opportunité pour provoquer un débat national en faveur d'une plus grande solidarité et d'une meilleure compréhension des affaires du monde plutôt que de galvaniser le public dans une soi-disant soif de vengeance.

Selon moi, cela fait longtemps que la société contemporaine est balisée pour que nous suivions la voie du Président George W. Bush. Bien des processus que j'ai décrit par le passé (notre relation à la violence, la centralisation du pouvoir, le sentiment d'insécurité et les désirs suscités par notre société de consommation), ont été largement provoqués par les environnements hyper-médiatisés que nous connaissons depuis la deuxième guerre mondiale. Ainsi, cela ne choque plus grand monde de voir les MMAV abandonner leurs "beaux habits de responsabilité" à l'occasion du 11 septembre 2001, pour revenir à leurs pratiques traditionnelles fondées sur la peur, l'angoisse et la violence, tout cela pour mieux vendre leurs programmes et leurs espaces publicitaires.

• **Le silence et le double langage.** La journaliste canadienne Heather Mallick a publié dans le *Daily Globe and Mail* un article critiquant l'atmosphère conformiste de l'après 11 septembre. " Cela fait des mois que je me tais, comme tant d'autres nourris au sein de l'idéologie américaine. Les journalistes ont écrit le plus sérieusement du monde que "désormais, nous étions tous des Américains"... Je ne suis pas d'accord avec cette déclaration selon laquelle nous sommes tous des Américains. Je ne le suis pas. Même les Américains ne le sont pas...

L'atmosphère étouffante à la Ceausescu qui planait sur l'automne 2001 me faisait honte. Il n'y avait pas de quoi être fier."

La suppression de toute parole critique, qui a suivi les événements de septembre 2001, n'était pas sans rappeler l'époque de McCarthy et sa chasse aux sorcières. Cette situation ne se limitait d'ailleurs pas aux médias américains. Pendant le bombardement de l'Afghanistan, des reporters de *BBC World Service* évoquaient le défi auquel notre planète était confrontée : "La modernité et le pluralisme ou le terrorisme". Au-delà d'une pratique de polarisation très habituelle dans les médias, arrêtons-nous sur le choix des *mots* employés. Les journalistes parlent notamment des "*valeurs que nous partageons*", soulignant que 90 % des Américains soutenaient le bombardement de l'Afghanistan, et 53 % pensaient que le niveau de la riposte était "*plus ou moins proportionné*".

- "choix" ?
- "modernité" (et le bombardement de l'Afghanistan ?)
- "valeurs" ? "plus ou moins proportionné" ?

On eut également droit à l'inévitable déclaration du Président George W. Bush, perché sur son porte-avion : "Les terroristes sont les héritiers du fascisme... Ils ont le même désir de pouvoir, les mêmes folles ambitions planétaires. Et nous les affronterons de la même manière."

Orwell disait que si l'on ne peut contrôler sa façon de parler, l'on ne peut contrôler sa façon de penser. À entendre quotidiennement ces contradictions dans les termes et ce double langage imprimés dans notre subconscient par les MMAV, George Orwell doit se retourner dans sa tombe.
Par ailleurs, les effets des MMAV américains sur notre relation à l'histoire, (notre niveau de

connaissance du passé, du sens et de l'importance de l'histoire dans notre vie) ont été catastrophiques.

L'image de ces officiels américains, répondant la mâchoire serrée à des questions sur le rapport entre l'histoire et les motivations derrière l'attaque du 11 septembre, constituait un spectacle sinistre. Ils se contentaient de répéter froidement : "Il n'existe pas le moindre rapport !". Tout aussi effrayante fut l'absence totale de réactions à ces démentis, de la part des médias "objectifs".

Le 11 septembre 2001 a été suivi d'une myriade de commémorations aux Etats-Unis, dont l'office de la Journée Nationale du Souvenir à la Cathédrale Nationale de Washington. À Londres, la Reine Elisabeth II a assisté à un service commémoratif à la cathédrale Saint-Paul. À travers toute l'Europe, les télévisions ont diffusé des messes, les drapeaux ont été mis en berne, de longues files d'attente se sont formées pour signer des cahiers de condoléances, des villes entières ont observé une minute de silence, des églises se sont remplies de foules attristées, les banques de sang ont été débordées, la trêve des manifestations politiques déclarée, les rencontres sportives et les concerts reportés par respect pour les victimes.

Où sont donc les commémorations pour le nombre infiniment plus élevé de personnes torturées et tuées au Nicaragua, en Grèce, en Colombie, en Indonésie, au Laos ? Pour tous ceux qui ont souffert des conséquences directes du colonialisme britannique ? Du colonialisme portugais ? Depuis la Seconde Guerre mondiale, nous avons été les témoins d'innombrables tragédies humaines, qui ont souvent entraîné des pertes en vies beaucoup plus élevées que le 11 septembre 2001, des tragédies parfois même directement provoquées par l'intervention des Etats-Unis dans les affaires de pays tiers. Ces drames ne méritent visiblement pas les concerts commémoratifs de Paul McCartney, ni les messages d'amour et de pardon lancés par l'archevêque de Canterbury. Les foules du monde entier ont poursuivi leur travail et leur route, sans s'arrêter pour témoigner du moindre geste de solidarité. Et les parlementaires anglais ont poursuivi leurs travaux.

Serait-ce dû à une sévère amnésie de notre part ? À une méconnaissance des événements qui se produisent en-dehors des Etats-Unis et de l'Europe occidentale ? À une vaste hypocrisie ? À l'ethnocentrisme ? Une amnésie historique si profonde (avec l'aide des médias), que nous sommes devenus inconscients ? Les charniers de centaines de milliers d'autres êtres humains, qui marquent notre histoire récente, ne méritent-ils ni commémoration ni reconnaissance ? Ne constituent-ils pas aussi une part indélébile de notre histoire ?

Quels qu'en soient les motifs et les raisons, l'attaque sur le World Trade Center nous a donné l'occasion de largement démontrer les formidables effets pervers de cette mémoire sélective et mystificatrice, une forme d'hypocrisie soigneusement consignée (et donc légitimée) pour la postérité par des MMAV obséquieux. La palme du processus de dénégation peut d'ores et déjà être attribuée au Secrétaire d'Etat américain Colin Powell pour son commentaire satisfait sur CNN : "Il n'existe pas un pays au monde où les Etats-Unis ne soient intervenus sans repartir en laissant derrière eux une meilleure situation."

Un aperçu de la façon dont les MMAV américains ont couvert les combats nous en dise plus long sur l'hypocrisie et la folie d'un tel processus.

La **rapidité** était devenue la norme. Les images défilaient à une cadence infernale, rendant toute forme de réflexion ou d'analyse totalement impossible. 95 % du temps de parole à l'antenne était accaparé par les présentateurs, les "experts" militaires et les envoyés spéciaux (intégrés, embarqués, incorporés, *embedded*). Pour le public, les civils anxieux et accablés, et même les soldats sur le champ de bataille, il ne restait occasionnellement que quelques petits trous de 5 à 7 secondes.

Tout concourrait à donner aux images l'apparence d'un jeu vidéo : les effets spéciaux numériques (surimposés à des cartes aériennes de l'Irak), les images déformées des vidéophones, les scènes fantomatiques enregistrées par des caméras équipées pour le tournage de nuit. Mais le plus surréaliste étaient les présentateurs eux-mêmes. Grimaçants de sympathie avec les uns, grognant de rage contre toute personne opposée à la guerre, et basculant de l'un à l'autre avec plus de frénésie que n'en contenait l'avalanche de publicités qui accompagnait les nouvelles de la guerre en Irak : des offres exceptionnelles sur les matelas, les voitures haut de gamme, la gastronomie, les crèmes de soins...

L'exemple qui suit caractérise l'ensemble de ce processus lugubre et surréaliste : le 6 avril 2003, un reportage typique d'*ABC News* est diffusé sur la chaîne *WKBW* (Buffalo). Celui-ci comporte 21 points de montage pour une durée totale d'1 minute et 20 secondes et montre des populations locales favorables à la présence des troupes américaines en Irak, une séquence nous ramenant à la messe célébrée pour l'un des soldats morts... Les présentateurs y vont de leur commentaire nationaliste et, parlant des autochtones, insistent sur le fait "qu'ils révèlent leur côté patriotique". Le sujet se termine par le bref extrait d'une interview d'un retraité américain qui déclare : "Ils combattent pour nous, que Dieu les bénisse tous !" Subitement, nous nous retrouvons devant l'image du Pape qui prie au Vatican, sur fond de commentaire enjoué : "Vous cherchez une idée de divertissement et de détente pour toute la famille ?" Disparition du Pape au profit d'un tourbillon de publicités, dont celle déjà diffusée proposant une offre exceptionnelle sur les matelas. Nous revenons à 23 secondes de plaidoyer du Pape en faveur de la paix, soit 7 secondes de moins que ne durait la fameuse publicité pour la literie... (cf. Annexe 3 - *Pour une analyse plus approfondie de la couverture de la guerre en Irak par les MMAV américains*).

Mais l'acte le plus incroyablement cynique des MMAV américains (et qui, à ma connaissance, n'a pas encore été ouvertement contesté), fut leur soutien manifeste aux mensonges éhontés de l'administration Bush, qui prétendait que l'attaque sur l'Irak était destinée à détruire les "armes de destruction massives" de Saddam Hussein. L'administration Bush elle-même a désormais admis à demi-mot qu'elle avait fabriqué cette menace. Pour autant que je sache, nous n'avons pas eu le droit à un tel aveu de la part de médias audiovisuels qui ont pourtant quotidiennement abreuvé la population américaine de ces contrevérités. Les MMAV ne se sont jamais officiellement rétractés sur la question des fausses prémisses du déclenchement de cette guerre... Un peu comme si le mensonge n'avait jamais existé.

On pourrait multiplier les exemples pour démontrer le rôle moteur joué par les MMAV américains dans cette sombre période de notre histoire. Mais rien ne semble pouvoir entamer le refus résolu des cadres et des producteurs de la télévision, de reconnaître la moindre part de responsabilité dans cette situation.

Des "professionnels" qui se sentent visiblement d'autant plus confortables dans leur déni, qu'ils pensent fermement n'avoir aucun compte à rendre au public. Nous nous trouvons dans cette situation à cause de l'absence de tout débat, du silence quasi-institutionnalisé qui est imposé à notre société contemporaine toute entière, et pas seulement aux Etats-Unis.

Même si les MMAV américains jouent un rôle central dans cette crise, ils ne sont pas les seuls. Ils sont aidés et relayés à travers le monde par des MMAV complices et conciliants, et largement aussi fourbes et malhonnêtes.

Les MMAV européens, canadiens, scandinaves

Ce chapitre est relativement court, nombre d'éléments liés à la crise globale des médias ayant déjà été abordés dans la partie précédente. En effet, la crise des médias n'est pas seulement américaine mais globale.

Les principales télévisions publiques et privées du reste de la planète portent une lourde responsabilité dans la crise des médias. C'est particulièrement vrai pour les télévisions des pays membres du "club des grands" (une expression ridicule dont raffole les MMAV) : Canada, Europe, Scandinavie, Australasie, Chine et Japon. Si je cible ces pays et ces régions, et non pas l'Amérique latine, le Moyen-Orient, l'Afrique du Nord, l'Afrique sub-saharienne et le reste de l'Asie, c'est à cause de l'influence culturelle et politique (hélas) dominante que les médias du "club des grands" exercent sur le plan *médiatique*.

Parmi les chaînes concernées : la *BBC* au Royaume-Uni, *CBC* au Canada, *SVT* en Suède, *NRK* en Norvège, *DR* au Danemark, *ABC* en Australie, *TF1*, *France 2*, *France 3* et *M6* en France, les 13 stations de l'*ARD* en Allemagne, *NZTV* en Nouvelle-Zélande; d'innombrables chaînes privées (bien que la distinction entre les télévisions privées et le "service public" soit de plus en plus floue); des milliers de chaînes thématiques par câble ou par satellite, qu'il s'agisse d'histoire, de reportages, de sports ou de cinéma. Cette liste est arbitraire, dans la mesure où elle n'inclut pas les chaînes de télévisions, aussi complices, des pays du Benelux, d'Italie, d'Espagne, de Grèce, de Turquie, de Russie, d'Europe de l'Est, etc.

Dans mon introduction, je parle du rôle, "moins flagrant mais tout aussi dangereux", des MMAV situés en-dehors des Etats-Unis. Pourtant, pour un grand nombre, voire une majorité d'Européens, *leurs propres* MMAV *ne seraient pas* aussi dangereux et manipulateurs que les MMAV américains.

Plusieurs phénomènes peuvent expliquer une telle résistance à une évaluation critique du rôle des MMAV mondiaux dans le reste du monde occidental. Entre autres choses, le mythe solidement ancré selon lequel leurs MMAV seraient à la fois plus "objectifs" et plus "éducatifs". Une perception qui découle de la tonalité singulièrement moins agressive et plus posée des télévisions autres qu'américaines, et du nombre proportionnellement plus élevé d'émissions "éducatives" en regard des publicités et des jeux télévisés (cette différence, toutefois, tend de plus en plus à s'estomper).

Plus concrètement, je sais que de nombreuses personnes au Canada ou au Royaume-Uni défendraient avec acharnement la *BBC* et la *CBC*, pour leur comportement pendant la guerre contre l'Irak, bien plus critique que celle que l'on pouvait observer sur l'ensemble des chaînes américaines.

À titre d'exemple, un article récent publié sur Internet par un enseignant de l'Université de Grenade en Espagne, établissait une comparaison entre les télévisions européennes et *CNN*, dans leurs couvertures respectives de la deuxième guerre du Golfe. Intitulé "Quelle guerre regardez-vous ?" l'article postulait que les différences de traitement étaient telles qu'il était difficile de croire que les MMAV américains et européens parlaient du même conflit. Il comparait l'exaltation de la puissance et des succès militaires mise en exergue par les médias américains, et les innombrables scènes présentant les souffrances infligées au sein de la population civile diffusées par les médias européens (ce qui ne semble pas avoir été le cas sur les chaînes américaines). Autre thème relayé par les médias européens, celui de la campagne de désinformation orchestrée par les MMAV et les militaires américains et la relative fermeture des ondes et des écrans, à toute expression critique de la guerre et du régime Bush.

Cet enseignant espagnol concluait son article par ce qu'il considérait comme la principale différence de traitement médiatique entre les deux continents (ici, je range les Canadiens aux côtés des Européens) : le public américain n'était informé d'aucune alternative à l'intervention militaire alors que les médias européens accordaient une large place à d'autres options de sortie de crise : diplomatiques, économiques, etc.

À un certain niveau d'analyse, tout ceci est parfaitement exact. J'ai, pour ma part, souvent souligné ces différences notables entre les télévisions américaines et européennes dans la couverture de la guerre contre l'Irak. Mais il est important de comprendre que de telles comparaisons ne font qu'effleurer la crise des médias. Les MMAV du monde sont tout aussi capables que les médias américains de dissimuler la vérité, de promouvoir le nationalisme, de taire les horreurs de la guerre... lorsque cela peut servir leurs intérêts.

Le rôle joué par la presse populaire anglaise pendant la guerre des Malouines était pour le moins aussi choquant que les excès commis par *CNN*. La critique (légitime) de l'attitude des médias américains pourrait parfaitement s'appliquer à la façon dont les MMAV britanniques ont complètement occulté la question de la course aux armements nucléaires dans l'Angleterre des années 1950 et 1960. À l'époque, on se souciait déjà fort peu du coût potentiel en vies humaines, de la liberté d'expression ou du devoir d'informer le public. Au cours de la récente campagne de bombardement menée en Afghanistan par les forces de la coalition, le *BBC World Service* a ouvertement raillé les opposants américains qui osaient critiquer la politique du Président George W. Bush. On peut d'ailleurs s'interroger sur le mutisme des MMAV du monde entier qui ont délibérément choisi d'ignorer les quelques 3000 victimes civiles afghanes de cette campagne de bombardement. En vérité, ce type d'attitude opportuniste qui consiste à "dévoiler les faits lorsque ça nous arrange, et les dissimuler dans le cas contraire" est devenue la norme adoptée par les MMAV du monde entier.

Mais revenons au problème plus profond des MMAV non-américains et de l'illusion adroitement entretenue de leur "équité" et de leur " objectivité ". En réalité, le style "pluraliste", qui prévaut dans les programmes européens et scandinaves, constitue également une manœuvre habile de dissimulation de son véritable rôle et de ses objectifs. Car tout en ouvrant une fenêtre (dont l'accès est strictement contrôlé) à l'expression critique, ces médias ne remettent absolument jamais en cause la nature foncièrement hiérarchique de leur relation aux spectateurs, ni la marginalisation de toutes les formes et processus audiovisuels alternatifs.

Dans mes précédents textes, j'ai décrit les diverses pratiques répressives employées par les chaînes européennes et scandinaves (il est d'ailleurs intéressant de noter que ces aspects de ma critique sont passés quasiment inaperçus). Il me semble que, poussés par de vagues relents de chauvinisme, nous avons tendance à défendre et soutenir nos propres médias nationaux. Ceci est révélateur du faible niveau de débat quant au rôle des médias, à un moment où nous devrions êtres prêts à remettre en cause toutes les forces de manipulation, où qu'elles se trouvent et quelle que soit leur nationalité. (cf. Annexe 4 - *Pour une analyse du rôle des MMAV anglais dans l'affaire de la mort de la Princesse Diana*)

Ce qui suit est une autre illustration du refus des MMAV, canadiens cette fois-ci, d'assumer la moindre responsabilité pour leurs pratiques manipulatrices.

En mars 1985, au cours du montage de **Le Voyage** (un film de 14 heures pour la paix dans le monde) à l'Office National du Film canadien, j'ai réalisé avec quelques collègues un rapport sur la couverture par la *Canadian Broadcasting Corporation (CBC)*, du Sommet de Shamrock, entre le Président américain Ronald Reagan et le Premier ministre canadien Brian Mulroney. Parmi les sujets à l'ordre du jour de cette rencontre qui se tenait pendant la Saint-Patrick, le premier sur la liste concernait l'intention de Reagan d'obtenir le soutien du gouvernement canadien pour le développement du programme américain de missiles anti-balistiques connu sous le nom de "Guerre des étoiles".

Dans la série des sommets de chefs d'Etat, ce fut un classique du genre, avec moult discours complaisants, banquets somptueux, visites des monuments historiques par le Président américain (hors de portée des médias), groupe clairsemé de manifestants contenus par la police, et gala de clôture animé par les plus grands artistes canadiens (avec le couple présidentiel américain installé comme des membres de la famille royale dans une loge d'honneur du théâtre). Le bouquet final fut donné par Reagan lui-même, monté sur scène pour entonner **When Irish Eyes are Smiling** (*Quand sourient les yeux irlandais*). La couverture par la *CBC*, des 48 heures que dura l'événement, fut tout aussi cérémonieuse.

Notre analyse s'intéressait à l'utilisation de la Monoforme, aux événements relatés (ou pas) par la *CBC*, au temps accordé à chacun des sujets, au rôle joué par les présentateurs de la météo (dont l'objectif évident était de dédramatiser toute problématique considérée comme trop sérieuse), au flagrant délit de remontage d'une interview du Ministre de la Défense Caspar Weinberger...

Envoyée à **deux cent cinquante** membres de la *CBC*, cette analyse a immédiatement suscité un petit vent de panique interne, au point de pousser la chaîne à nommer l'un de ses hauts cadres retraités à la tête d'une commission chargée de réfuter nos accusations. A nos courriers, nous n'avons reçu au total que **six** réponses de la *CBC*. Cinq provenaient d'employés réagissant à titre personnel (deux relativement réceptifs à notre rapport, les trois autres hostiles, voire ouvertement agressifs, tel ce présentateur très connu vociférant au téléphone), la sixième étant la réfutation officielle de la "commission" de la *CBC*.

Ce triste épisode nous conforta dans l'idée que la *CBC* n'avait que faire d'un débat démocratique ou d'un échange constructif, sa seule préoccupation étant de consolider ses murailles défensives. La réfutation de la *CBC* contenait une phrase de remerciements pour notre démarche, et nous signifiait surtout que nous ne comprenions rien au sujet abordé. Notre rapport fut bien entendu aussitôt jeté aux oubliettes pour ne jamais réapparaître.

La loi canadienne sur la radiodiffusion de 1968 stipule que "la programmation offerte par le système canadien de radiodiffusion devrait à la fois être aussi variée et large que possible et capable de fournir une possibilité raisonnable et équilibrée au public d'exprimer des vues divergentes sur des questions l'intéressant." La notion "d'équilibre" est définie plus précisément par une autre série de principes de la *CBC* :

- "Les ondes appartiennent à tous, et chaque citoyen a le droit de connaître les principaux points de vue sur toute question d'importance."

- "Les ondes doivent échapper à la domination de tout individu ou de tout groupe dont l'influence dépend de leur situation particulière (*comme la CBC* ; note de l'auteur)."

- "Le droit de réponse est indissociable du droit à la liberté d'expression."

- "La libre circulation des idées et des opinions est l'une des principales sauvegardes de la liberté des institutions."

Sur la déformation des informations télévisées, voici un autre exemple typique tiré d'une expérience scandinave. Dans le cadre d'un cours sur les médias que je donnais au Red Cross Folk High School au début des années 1990 en Suède, en collaboration avec un enseignant du lycée nommé Lasse Euler, nous avons demandé aux étudiants d'analyser une série de sujets d'informations diffusés par la télévision suédoise. L'objectif était de décrypter les techniques de manipulation à l'œuvre derrière la façade du ton enjoué, du montage rapide et de la structure pseudo-narrative.

L'un des sujets, réalisé par une équipe de la chaîne de télévision *SVT*, était consacré à une tournée express du couple royal Suédois en

Estonie, quelques années après l'émancipation de ce pays de l'emprise exercée par l'Union Soviétique. En dépouillant les images, les étudiants se sont aperçus que quelque chose clochait dans une séquence représentant de jeunes élèves agitant des drapeaux suédois et estoniens qui donnaient l'impression d'acclamer la délégation royale.

Interpellés par les étudiants, les journalistes concernés ont finalement admis avoir truqué la scène en se plaçant devant les élèves pour leur demander d'acclamer la caméra, *alors que le couple royal était totalement absent du périmètre.* Les journalistes, perplexes devant une telle mise en cause de leur intégrité, ont eu une réaction qui trahit bien la perception qu'ont les médias de la "réalité" : "Et bien, c'est exactement ce qui se serait produit si le couple royal était passé par là !". (Ces cours furent également l'occasion pour les étudiants de découvrir l'impolitesse et l'arrogance des cadres dirigeants de la télévision lorsqu'ils ont essayé d'interviewer ces derniers et de les questionner sur le paradoxe de fabriquer des nouvelles soi-disant " objectives". Pour l'énorme majorité des professionnels des médias, il n'est absolument pas question de rendre des comptes au public, encore moins à un groupe de jeunes étudiants...). (cf. Annexe 5 - *Le rôle de la Commission Européenne* ; et Annexes 5 et 7 pour une information sur la situation en Europe de l'Est)

Revenons maintenant au Canada, où la crise des médias prend un tour similaire. L'un des principaux chargés de programmes documentaires de la *CBC* a récemment été entendu à Ottawa par le Comité permanent des transports et des communications du Sénat, dans le cadre d'une enquête sur les médias d'information canadiens. Dans sa contribution au

Comité, ce responsable a déclaré que le Canada avait développé "un secteur médiatique dangereusement faible" et que le système national de la télévision et de la radio était "inopérant ou *dysfonctionnel*". Selon lui, cette situation était née du fait que "les industries nationales de la communication et de la culture ne font pas partie des priorités premières des politiques nationales."

Selon ce cadre (qui s'est attardé sur la façon dont les diffuseurs actuels ne considèrent le public qu'en termes de parts de marché), la solution au problème serait de développer le secteur public de la télévision, qui n'est plus qu'une peau de chagrin de l'offre audiovisuelle, et de créer une deuxième chaîne de la *CBC*, la *CBC2*.

Il n'est pas inintéressant de noter que ce cadre n'a jamais parlé du public en tant que *participant*. Cette omission de taille découle du fait que la télévision du service public n'a en réalité rien de *public* (du moins en ce qui concerne la dimension participative que j'appelle de mes vœux).

Si l'on se base sur les définitions courantes, la télévision publique est un service dont les contenus ne seraient pas ouvertement commerciaux et dont les programmes devraient refléter la diversité des "intérêts du public". Les limites inhérentes à cette conception du public sont flagrantes. Le "public" ne participe pas à l'identification des "intérêts du public", ni même à la définition de ce que ces termes recouvrent. Le public n'est pas appelé non plus à participer aux choix de sa programmation ni à discuter des formes narratives qui la structurent. En d'autres termes, la relation entre ce type de média et le public est de nature tout aussi hiérarchique que la plus commerciale des télévisions privées.

Cette contradiction est parfaitement illustrée dans **Canada : Une histoire populaire**, grandiloquente et coûteuse saga historique produite par la *CBC*. Bien que bénéficiant de la collaboration de nombreux producteurs et réalisateurs différents, cette série de 30 heures, qui couvre la totalité de l'histoire canadienne, est un pur produit de la Monoforme, agrémenté d'un style ampoulé et lisse qui transpire dans tous les épisodes. Chaque chapitre de l'histoire canadienne est présenté à travers le même prisme uniformisant, et ce, *quel que soit le sujet concerné.*

Particulièrement inquiétant (si l'on considère que cette série est censée donner une version populaire de l'histoire), est le fait que le *peuple* n'apparaisse que sous la forme de figurants déambulant par centaines devant la caméra. Les tirades des *acteurs* principaux sont soigneusement récitées, d'une voix posée et théâtrale, l'ensemble du film étant dominé par la voix lancinante d'un narrateur professionnel.

Sans polémiquer davantage sur ses défauts majeurs, cette série à grand spectacle pourrait être un exercice particulièrement riche d'enseignements pour les Canadiens, et pour la démocratisation des médias en général. En effet, une tournée de cette production dans tout le Canada permettrait d'initier une série de débats **publics** consacrés à la difficulté de faire émerger les voix et les visages du peuple canadien à la télévision, et aux moyens d'y remédier.

Mais il semble peu probable que les directeurs de la *CBC*, ou des MMAV du monde entier, soient animés d'un véritable intérêt pour "le peuple". Leurs motivations principales sont plutôt à mettre sur le compte d'une quête de pouvoir personnel, de la volonté de marginaliser toute forme de processus télévisuel alternatif, et du principe simple que le public ne représente qu'une série de taux d'audiences. Et ce, sans oublier que ces cadres sont au cœur de la standardisation des médias qu'ils prétendent vouloir faire évoluer.

Le cadre de la *CBC* ne s'en cachait absolument pas lors de son discours fleuve devant le Comité du Sénat : "Il est indispensable que nous nous développions pour devenir des producteurs majeurs à l'échelle mondiale ... [Nous] devons êtres compétitifs sur le marché mondial de l'industrie du cinéma et de la télévision... Le Canada peut devenir l'un des grands gagnants du nouvel ordre de l'information."

Il est vrai que ce cadre a également déclaré que "la liberté de choix - à la radio, à la télévision ou au cinéma - doit être définie comme une liberté de production télévisuelle, et non seulement de consommation." Mais cette définition de la liberté de production contredit-elle vraiment la vision qu'en aurait la télévision commerciale ? Si tel était le cas, pourquoi la *CBC* aurait-elle marginalisée notre rapport sur leur couverture du Sommet de Shamrock en 1985. Et comment expliquer alors la production d'une série fondée sur une vision aussi limitée de l'histoire du Canada ?

Pour conclure ce chapitre, je voudrais souligner encore une fois le lien fondamental qui unit les MMAV américains avec leurs équivalents européens, scandinaves et canadiens. Tous s'appuient sur l'emploi systématique de la Monoforme, de l'Horloge Universelle et de la structure narrative aristotélicienne (comme décrite précédemment) pour structurer la quasi-totalité de leur programmation, en particulier les tout-puissants et tendancieux journaux d'information télévisés. Le refus global d'ouvrir un débat public sur ces pratiques de programmation est une autre caractéristique problématique qui transcende les spécificités nationales. L'une des conséquences, c'est qu'une majorité des téléspectateurs du monde entier continue à ne juger la télévision que sur le contenu, jamais sur la **forme** ni le **processus** qu'elle impose au public.

Bien sur, le contenu lui-même de la grande majorité des programmes diffusés par les MMAV est éminemment discutable. Par un filtrage serré visant à extraire les thèmes les plus "inoffensifs" ou pseudo-controversés, les responsables des programmes des MMAV occultent en permanence les enjeux d'importance pour l'humanité, dont la question du rôle des mass media. Les quelques thématiques essentielles qui parviennent quand même à remonter à la surface médiatique sont, de toute façon, irrémédiablement neutralisées par les assauts combinés de la Monoforme, de l'Horloge Universelle et de la structure narrative standardisée. (cf. Annexe 1 - *La théorie du garde-barrière*).

Partout sur la planète, les spectateurs sont condamnés par les MMAV à n'être que des statistiques générales d'audience. Privés de toute individualité, de toute spécificité ou différence fondée sur le sexe, l'age, la culture ou la religion, les spectateurs sont tous passés au grand mixeur des MMAV (ce que les intellectuels des médias nomment "la culture populaire"). Par cette parodie de "communication", le public se voit ainsi dénier tout véritable processus de questionnement et de dialogue, tandis qu'on lui interdit l'accès à la connaissance des techniques de manipulation mises en oeuvre.

Les apparences d'un univers non-américain des MMAV, qui se voudrait plus civilisé, plus critique, sont aussi trompeuses que dangereuses. Ce mythe est lourd de menaces pour l'avenir. Non seulement parce qu'il jette un voile de respectabilité sur un processus social totalement anti-démocratique, hiérarchique et paternaliste, mais parce qu'il empêche, ou tout du moins retarde, l'émergence d'un contre-pouvoir, *global* et authentiquement *critique*, à ce qui se trame au sein des MMAV américains et de ses alliés objectifs.

Éducation aux médias, culture populaire et violence

Lorsqu'on parle du public, de son faible niveau d'information et donc de sens critique sur la question des médias, on ne peut s'empêcher de penser au rôle déterminant joué par une autre catégorie d'acteurs de cette crise : les nombreux enseignants des médias qui, surtout dans le cycle supérieur, colportent depuis vingt ans les préceptes *non-critiques* et *pro-hollywoodiens de la culture populaire.*

A la fin des années 1970, parallèlement à l'intensification de la crise des MMAV, de nombreux enseignants des médias commençaient déjà à s'éloigner dangereusement d'une approche critique de leur matière. L'éducation aux médias s'est peu à peu réorientée vers la défense de la "culture populaire", et la mise en place de stages de formation professionnelle aux métiers de la télévision et du cinéma, qui disposaient souvent dans les universités de studios de réalisation audiovisuelle suréquipés.

La critique des médias, développée dans les années 1960 sous l'impulsion notable d'enseignants marxistes, fut progressivement abandonnée voire bannie des programmes scolaires et universitaires pour disparaître presque totalement dès la fin des années 1970. L'ère des cours sur les *soap-operas*, de la production de la forme narrative hollywoodienne, du développement illimité de la Monoforme... et de la perte de notre sens de l'histoire venait de commencer. (cf. Annexe 8 - *L'enseignement de la culture populaire*)

Qu'il s'agisse du réseau quasi-industriel des cours/stages de réalisation cinéma, vidéo et télévision dispensés dans les universités, les écoles de cinéma, les centres de formations pour enseignants et les établissements d'enseignement professionnels, ou qu'il s'agisse d'institutions spécialisées en communication proposant des cours du même type, une grande partie du système de l'éducation aux médias est désormais tombée sous la coupe des MMAV; l'objectif fondamental étant, désormais, d'enseigner aux jeunes à accepter les mass media comme des acteurs neutres, utiles et informatifs du processus social, et surtout de les inciter à s'en servir comme outils de promotion professionnelle.

Ces annexes très prisées du système éducatif global ont ainsi enseigné à une quantité de jeunes gens un mode de reproduction des formes et des processus audiovisuels que nous critiquons ici. Nombre d'enseignants des médias sont d'ailleurs eux-mêmes issus de ce type de formation. Les visites que j'ai effectuées dans beaucoup d'écoles et d'universités au cours de ces dernières années m'ont convaincu qu'une large proportion d'enseignants des médias ne s'intéresse plus à la transmission d'une pensée critique sur les mass media.

Ce problème peut revêtir diverses formes. De l'enseignement non-critique d'une culture populaire médiatique fondée sur le divertissement et le consumérisme au prestige personnel et professionnel de nombreux enseignants des médias, légitimé par une conception de "professionnalisme des médias" directement inspirée des pratiques, des formes narratives et de l'idéologie hollywoodiennes.

Un grand nombre de ces enseignants travaille dans ce que l'on pourrait appeler le secteur de la "formation professionnelle aux médias", celui qui connaît le taux de croissance le plus élevé de tout le système de l'éducation aux médias. Il s'agit essentiellement d'apprendre aux jeunes le maniement des interrupteurs et autres commandes de la technologie audiovisuelle, et de leur enseigner les bases de la réalisation, du montage, de la photographie, du scénario, etc. L'objectif affiché de cette formation professionnelle étant de fournir à l'étudiant les compétences nécessaires à son entrée dans le monde des médias, il n'est pas surprenant que ce type d'enseignement représente aujourd'hui un énorme *business* planétaire. De nombreuses universités sont à présent équipées de studios de télévision et certains établissements du secondaire proposent désormais des filières de formation professionnelle aux médias. Ce type d'éducation remplace progressivement la plupart des autres courants pédagogiques, à commencer par les rares variantes d'un enseignement critique des médias miraculeusement rescapées du climat des années 1980.

La "logique", que je paraphrase ici avec mes propres mots, est diaboliquement simple : "Nous vivons dans un monde commercial. Que cela nous plaise ou non, nous sommes dominés par les forces globales du marché. Notre responsabilité envers les étudiants est de les aider à trouver du travail dans ce cadre idéologique."

Cela signifie concrètement qu'il faut persuader (ou encourager si la persuasion est superflue) les étudiants à s'emparer des images en mouvement afin de manipuler le public, et leur fournir les indispensables outils structurels (la Monoforme et la structure narrative linéaire) et idéologiques pour y parvenir. L'une des clés de la réussite d'un tel apprentissage réside dans l'assimilation de la doctrine normative d'une relation hiérarchique et strictement canalisée entre le réalisateur et le public.

Cette "logique" s'élabore de la façon suivante : "N'apprenez jamais aux jeunes à adopter une attitude critique, susceptible de générer trois effets secondaires fâcheux : a/. Cela se retournerait contre les étudiants en les marginalisant des courants dominants des mass media, et les rendrait donc potentiellement inadaptés au marché du travail; b/. Cela risquerait de se retourner contre nous (les enseignants), en nous isolant des gens de notre profession et du monde des médias, avec tous les dangers que cela comporte, notamment d'éventuelles coupes budgétaires dans le soutien octroyé par les médias locaux (financement de matériel audiovisuel, de studios d'enregistrement...); c/. Cela créerait des problèmes avec nos administrateurs, de plus en plus soumis à l'impératif de transformer leurs universités en "unités économiques rentables."

Voilà bien, en résumé, l'idéologie et les craintes sous-jacentes auxquelles ont malheureusement cédé de nombreux enseignants des médias, surtout dans les universités. Nul doute que certains choisiraient de travailler différemment si l'administration des universités leur en laissait la possibilité.

D'autres enseignants des médias n'ont pas besoin de pressions externes pour enseigner à leurs étudiants la manipulation des spectateurs. Quelques-uns sont d'ailleurs eux-mêmes d'anciens professionnels des médias, élevés dans le giron de l'idéologie dominante. D'autres encore sont des intellectuels, ralliés à l'idéologie de la culture populaire, qui paraissent véritablement convaincus que les liens entre démocratie et mass media ne peuvent exister que dans le cadre restreint de la culture contemporaine du spectacle.

Le résultat final de cette situation catastrophique, c'est que des milliers d'enseignants des filières professionnelles des médias persistent à n'offrir à leurs étudiants aucune alternative au système dominant. Des enseignants qui refusent généralement d'évoquer le thème des médias et de la démocratie, de débattre des questions morales ou éthiques liées à l'industrie audiovisuelle, et ne sont pas non plus disposés à guider leurs étudiants vers des idées alternatives par le biais de rencontres avec des enseignants plus critiques.

Pour la plupart des responsables des filières de formation professionnelle, le *seul* "véritable professionnalisme" est celui de l'école dominante d'Hollywood. Ce processus éducatif inclut le stéréotype d'un public abruti qui a besoin de formes narratives autoritaires, simplistes et saccadées pour ingurgiter les sujets (consuméristes) de la télévision.

La "pédagogie de la peur" enseignée dans la formation professionnelle aux médias, qui est sûrement la filière éducative dominante au niveau mondial, est à la source d'une grande partie de la crise que je décris ici. Pour parler franchement, le lavage de cerveau que subissent les étudiants suivant ce type de formation vise clairement à en faire les petits soldats du professionnalisme médiatique, prêts à accepter les règles strictes et le cadre limité imposés par les groupes qui dirigent les médias commerciaux.

La boucle est ainsi bouclée : les jeunes intégreront le système en servant au public la même idéologie, avant de former eux-mêmes la prochaine génération de professionnels qui reproduira le système... Ce cycle est vigoureusement soutenu par les mass media, au point d'avoir suscité cette récente déclaration d'un enseignant : "L'éducation aux médias est désormais entièrement dirigée par les mass media."

Parmi les réactions les plus courantes aux préoccupations évoquées ici, on peut noter: " Pourquoi tout ce remue-ménage ? Les médias, c'est super ! C'est divertissant, et aussi très instructif! Il y a plein de bons documentaires à la télévision... Ne soyez pas si pessimiste ! "Bizarrement, ce dernier commentaire n'empêche pas d'entendre également: " Et alors ? C'est la réalité. C'est l'état actuel des choses !"

Il n'est pas inutile de rechercher la genèse de ces assertions et de ces perceptions. Elles découlent d'une expérience concrète de mass media *qui n'existent pour nous que sous la forme que nous leur connaissons depuis toujours et qui se perpétue aujourd'hui.*

À quelques exceptions près, on peut affirmer que nous n'avons jamais connu d'autre monde audiovisuel que notre modèle actuel. Nos perspectives et nos références nous viennent exclusivement de *ce que nous connaissons* du cinéma et de la télévision et *des relations que nous entretenons avec ces médias à l'heure actuelle.* En règle générale, notre cadre référentiel s'est forgé dans la philosophie commerciale hollywoodienne de ces 30 dernières années, et non par *l'expérience de formes et de processus alternatifs de communication audiovisuelle.* En refusant ainsi aux étudiants tout contact avec des visions critiques et alternatives, en contradiction avec le principe même d'un cursus censé leur fournir un enseignement riche et équilibré, le cycle infernal de la crise des médias continue... et s'aggrave.

La comparaison de l'enseignement des médias avec d'autres formes d'expression et de communication (musique, littérature, arts plastiques, théâtre) révèle des différences frappantes dans le processus éducatif. L'analyse de courants d'idées et de styles différents et non-conventionnels constitue une part intégrale de l'enseignement des arts plastiques, de la musique, du théâtre et de la littérature. Les opinions et les processus alternatifs sont généralement respectés et appréciés. Il serait par exemple surprenant que l'on refuse à des étudiants l'accès aux oeuvres d'Edvard Munch, sous prétexte qu'il était, dans les années 1890, un artiste "controversé" qui peignait "bizarrement". De la même façon, il serait sans doute difficile d'interdire à des étudiants de s'intéresser à des compositeurs, des écrivains ou des sculpteurs contemporains, au simple prétexte que ces derniers seraient considérés comme marginaux.

Or, c'est la logique inverse qui s'impose dans l'enseignement des médias. Bien sûr, il arrive parfois que l'on montre aux étudiants des films et des documentaires originaux ou inhabituels (cf. Annexe 10 sur les cours de Scott Macdonald aux Etats-Unis), mais en règle générale, les oeuvres présentées s'accordent à l'idéologie dominante en vigueur chez des enseignants marqués par le lien personnel qu'ils entretiennent avec Hollywood et le courant commercial du cinéma et de la télévision. Qu'il soit "radical" ou résolument pro-hollywoodien, ce type de programme pédagogique (dicté par les préférences personnelles) est souvent jalousement défendu. Bien que n'étant pas du même bord idéologique, les deux seront néanmoins présentés à la classe avec le même dogmatisme, le même refus de toute parole contestataire, et plus spécifiquement de celle rapportée par des étrangers à l'institution concernée.

Les rapports hiérarchiques établis entre les médias et le public, le refus acharné de toute participation ou échange constructif, sont donc souvent initiés (ou poursuivis) dans les salles de classe, à l'instar des relations établies entre certains enseignants et leurs élèves.

Ce problème est d'autant plus sérieux lorsque les enseignants veulent inculquer l'idéologie d'Hollywood et de la culture populaire consumériste. La motivation de l'enseignant n'est plus alors le simple désir personnel de réussite professionnelle. C'est aussi la peur fondamentale d'ouvrir "la boîte de Pandore", des forces débridées qu'un enseignement alternatif des médias pourrait libérer, surtout lorsqu'il se fonde sur la *notion de participation du public*.

Pour résumer les responsabilités du secteur éducatif dans la crise actuelle des médias :

• Non seulement l'enseignement classique des médias a occulté toutes formes de pédagogie alternative et critique, mais il a activement contribué à accélérer le mouvement de centralisation du pouvoir des médias. Cela a produit des générations d'élèves (de citoyens) non-critiques, et l'effondrement des chances de voir émerger un débat public sur les mass media.

• Plutôt que d'affecter les moyens et les ressources universitaires à une recherche critique sur l'impact global des mass media, le système d'enseignement des médias (en particulier dans le secteur tertiaire) a transformé de nombreux établissements éducatifs en clones des centres de production hollywoodiens. Parmi l'ensemble des questions largement délaissées par l'enseignement tertiaire, signalons l'effet des mass media audiovisuels sur notre relation au temps (et sur notre capacité de concentration), à la violence, et à l'histoire.

• Au lieu de mener une analyse critique sur la gravité et la spécificité de l'impact produit par la Monoforme sur notre société, l'enseignement des médias a légitimé l'utilisation généralisée de ce langage manipulateur.

• L'enseignement des médias a entériné la marginalisation croissante des enseignants et des réalisateurs qui, au cours de ces vingt dernières années, ont défendu des alternatives et des formes critiques de la pédagogie des médias. Conformément à une politique développée dans les années 1980, de nombreux départements des médias dans les universités ont initié des procédures de recrutement particulièrement sélectives, garantissant une majorité d'enseignants acquis à la culture populaire et aux médias dominants dans les universités, les lycées professionnels et les écoles de cinéma. De la même façon, s'est généralisé le refus de débattre franchement et publiquement des questions soulevées ici.

• Par l'enseignement de formes narratives aussi brutales que la Monoforme et en encourageant les étudiants à accepter sans sourciller la violence à l'écran, sous toutes ses déclinaisons (sexisme, esprit de compétition et autres manifestations de l'agressivité humaine), l'enseignement des médias a joué un rôle majeur dans l'escalade de la violence.

• L'enseignement des médias a fréquemment négligé la question de l'égalité des sexes, et n'a pas suffisamment analysé l'impact dévastateur des mass media audiovisuels sur la perception que nous avons des femmes et de leur rôle dans notre société.

• En se soumettant aux forces culturelles audiovisuelles les plus "populistes" et les plus hégémoniques, au premier rang desquelles se trouvent la télévision et le cinéma américain, l'enseignement des médias a largement contribué à affaiblir les initiatives locales et régionales de développement de médias communautaires et de formes audiovisuelles alternatives.

• En règle générale, l'enseignement des médias a délibérément découragé ses étudiants à adopter une posture critique envers la société de consommation et les conséquences directes de la globalisation capitaliste : l'exploitation, le profit, la corruption économique, et la dévastation de la planète. Les programmes d'éducation aux médias n'ont que très rarement amené les étudiants à entamer une réflexion critique sur les systèmes sociaux et politiques qui les entourent.

• L'enseignement des médias a occulté l'analyse des pratiques et formes médiatiques alternatives potentiellement capables d'inverser le rapport de force existant entre le public et les mass media. Il n'a pas incité les étudiants à mener des expériences d'échange constructif avec le public qui impliquerait, par exemple, les communautés locales dans leurs exercices pédagogiques.

Si l'on considère les événements mondiaux, tant récents que récurrents, le point le plus inquiétant de cette longue liste, c'est le rôle de l'enseignement des médias dans la violence audiovisuelle.

À de nombreuses reprises et malgré quelques exceptions notables, je me suis rendu compte que la plupart des enseignants des médias (contrairement à ce qui se passe dans les départements d'histoire, de littérature, de sociologie) ne s'intéressent pas à la violence dans les médias, ou réagissent négativement lorsque le sujet est critiqué.

En tolérant la violence à l'écran, en contestant ses effets nocifs, et en prétendant qu'il "n'existe pas de causalité entre la violence dans les médias et la violence réelle", ces professionnels font preuve d'une irresponsabilité considérable. L'un des principes de base de l'enseignement des médias repose d'ailleurs sur l'idée que le conflit est l'un des meilleurs moteurs du drame : "Il alimente l'intrigue... et retient l'attention des spectateurs."

De nombreux enseignants des médias sont également réticents à critiquer les images les plus crues de la brutalité à l'écran : des actes d'une violence aussi révoltante que barbare. C'est vers la fin des années 1970, que les intellectuels de la culture populaire ont commencé d'embrasser la croyance selon laquelle la brutalité à l'écran était tout à fait acceptable. Une croyance qui traitait avec dérision "l'élitisme petit-bourgeois" de toute tentative critique de la violence dans les médias. C'est sur cette grave incompréhension (ou plutôt cette intolérance) des enseignants des médias que s'est construit un climat qui allait donner aux MMAV les mains libres pour nous désensibiliser progressivement à la violence, jusqu'à la banaliser complètement. Là encore, la complicité (fut-elle involontaire) des enseignants des médias adeptes d'Hollywood et de la violence des MMAV a eu un impact culturel global dévastateur dont nous payons encore le prix dans la crise actuelle.

Le problème est en grande partie lié à la réticence des enseignants des médias lorsqu'il s'agit de prendre en compte la violence structurelle inhérente à la Monoforme. En d'autres termes, le refus d'admettre que la violence ne se limite pas à des images de sévices à l'écran, mais qu'elle est partie intégrante du langage utilisé par les mass media.

La "banalisation du mal" est une expression formulée par la philosophe Hannah Arendt pour qualifier le zèle des bureaucrates dans l'administration et l'optimisation de la machine d'extermination nazie. On pourrait néanmoins lui donner une dimension plus actuelle, en l'appliquant au niveau de violence et d'agressivité médiatique qui est désormais socialement acceptable, mais qui, autrefois, aurait été considéré comme extrêmement choquant et préoccupant.

Comme je l'ai déjà souligné, le problème de la violence s'est sérieusement aggravé avec la montée en puissance du courant de la culture populaire dans l'enseignement des médias. Il y a quelques années, le directeur des études de cinéma d'une école nationale de formation australienne déclarait : "Comme des millions de personnes, je vais voir des films tel que **Mad Max**. J'encourage d'ailleurs mes élèves à les voir également, non pas parce que j'aime la violence, mais parce que j'aime la violence fantasmée. La différence est importante. L'une tue. L'autre divertit. Et il incombe aux réalisateurs de comprendre qu'il y a une différence."

Croire que la violence dans les médias ne produit aucun effet secondaire requiert une capacité d'acrobatie intellectuelle assez extraordinaire en contradiction flagrante avec les innombrables preuves du contraire. On connaît à l'évidence une quantité de cas documentés d'authentiques actes de violence, commis par des individus qui reproduisaient au détail près des brutalités vues à la télévision. Cependant, mieux encore qu'une analyse menée par des chercheurs en sciences sociales et des éducateurs qui démontrerait les effets de la violence médiatique, on aurait beaucoup à apprendre du **public**, si l'on daignait recueillir les témoignages personnels de l'impact

produit sur eux par la violence à l'écran.
En définitive, nous ne disposons que de très peu d'informations sur ces témoignages de base. La raison en est simple : les mass media et le système d'enseignement dominant ne s'intéressent absolument pas à ce que pense le public, et sont encore moins enclins à développer une sorte de base de données des réactions individuelles à la violence dans les médias, informations qui devraient cependant être transmises aux étudiants.

Les professionnels et les spécialistes des médias ne peuvent cependant contester le fait que les outils audiovisuels *ont* bel et bien une incidence sur nos pensées et nos actions ! La publicité à la télévision en est l'un des exemples les plus éloquents : peu de professionnels des médias auraient l'audace de démentir l'influence de la télévision sur nos opinions, alors que des millions de dollars sont dépensés pour des annonces généralement amorties par la modification de nos comportements de consommation. De même qu'il est difficile de prétendre sérieusement que les *sitcoms* et autres *soap-operas* n'ont aucun impact sur les spectateurs.

Par une scandaleuse volte-face intellectuelle, ces mêmes professionnels sont pourtant parmi les premiers à nier les effets de la *violence* utilisée par les médias, alors même que sa mise en scène est au cœur de la plupart des productions audiovisuelles actuelles. Les moyens déployés pour sa banalisation télévisuelle, en termes de technologie et de savoir-faire, sont d'ailleurs bien supérieurs à ceux que l'on consacre à la publicité et aux *sitcoms*. L'absurdité du raisonnement est difficile à dissimuler lorsqu'on l'applique au sujet de la consommation de tabac. Même les grandes corporations du tabac ont finalement admis que la publicité à la télévision incitait les jeunes à acheter des cigarettes, et que le fait de fumer était l'une des causes principales du cancer du poumon. Mais de la part des mass media ou des enseignants, on ne trouve nulle trace d'une reconnaissance équivalente de la relation de cause à effet, c'est-à-dire concrètement d'une volonté d'admettre que la violence des médias puisse pousser des gens à se faire du mal ou à en faire aux autres.

Les médias et leurs enseignants refusent pareillement d'envisager la possibilité que la violence médiatique prolongée puisse être à l'origine d'un *environnement social chargé de pulsions agressives et irrationnelles* (responsable des sentiments d'insécurité, d'anxiété, de paranoïa). Ils refusent du même coup l'idée que cette violence pourrait *avoir une influence sur les choix politiques des individus*. Pour ceux qui sont en mal d'illustrations, citons (parmi des centaines d'autres exemples) le soutien quasi-automatique des Américains et des Européens à la campagne de bombardements aériens sur l'Afghanistan, en octobre 2001 (événement qui est aujourd'hui pratiquement oublié).

Les critiques formulées dans ce chapitre découlent de mon intime conviction que le manque cruel pour le public d'informations et d'analyses concernant le rôle des mass media (surtout dans le climat de l'après 11 septembre 2001), constitue une preuve suffisante contre le système dominant de l'éducation aux médias pour l'inculper de non-assistance à populations en danger.

Il ne faut évidemment pas mettre toute l'éducation aux médias dans le même sac. Il est possible de dénicher, plus particulièrement sur Internet, des chercheurs qui soulèvent de nombreuses questions critiques en ce qui concerne le rôle des médias contemporains. Il existe également quelques enseignants qui essayent encore de transmettre à leurs étudiants une vision critique des mass media.

Mais dans la plupart des cas, ces enseignants sont l'exception qui confirme la règle. Ils se débattent dans des environnements très hostiles, généralement soumis à la pression d'institutions inféodées aux lois de la rentabilité, c'est-à-dire dispensant une formation (traditionnelle et non-critique) destinée à faire rentrer les étudiants dans le rang des MMAV.

Leur marginalisation au sein du système éducatif est un autre problème majeur. Le milieu professionnel au sein duquel ces enseignants travaillent est très largement hostile aux idées et aux méthodes d'enseignements que ces derniers défendent. Si je considère ma propre expérience (qui n'est certainement pas unique) en tant qu'intervenant extérieur pour l'enseignement des médias, j'ai parfois été invité à des rencontres sur le thème de la crise des médias, organisées avec des étudiants en audiovisuel dans des universités et des établissements de formation professionnelle. À plusieurs reprises, je me suis rendu compte, une fois sur place, que les enseignants avaient délibérément choisi d'être absents ce jour-là.

J'ai également fait l'expérience de me présenter devant une salle quasi-déserte, pour m'entendre dire par un enseignant du département que le sujet n'intéressait pas ses élèves. La jubilation avec laquelle ce "désintérêt" m'était communiqué était de nature à m'indiquer que cet enseignant n'était pas loin de partager le sentiment supposé de ses élèves.

On m'a invité un jour pour intervenir auprès d'un auditoire mixte dans un célèbre lycée public anglais. J'ai appris par la suite qu'aucun des élèves en cinéma n'était présent, soit parce qu'ils n'en avaient pas été informés par leur professeur, soit parce que ce dernier les en avait dissuadés. L'enseignant en question, lui, était pourtant là. Il me dévisageait d'un air menaçant, assis dans le public, les poings sur les hanches. Au moment où j'abordais la question de la Monoforme, il a explosé. De son point de vue, il n'y avait aucun intérêt à enseigner ce genre de choses à ses étudiants, puisque la Monoforme ne lui posait aucun problème...

Au cours d'une tournée de conférences organisée en Suède, je me suis rendu dans une école rurale excentrée. Une fois sur place, on m'a prévenu que tous les enseignants de la section médias étaient partis "en déplacement", technique efficace s'il en est pour éviter tout dialogue.

Ces anecdotes, bien que "spectaculaires", sont représentatives du type de réactions que j'ai souvent dû affronter au cours de mes trente dernières années d'interventions dans les écoles, les universités, et les centres de formation d'enseignants en Australie, en Nouvelle-Zélande, en Scandinavie, au Royaume-Uni, au Canada, et aux Etats-Unis.

À mon avis, cette opposition du système éducatif est largement inspirée par le sentiment d'insécurité partagé par certains enseignants. Ceux qui officient dans le champ audiovisuel en s'armant des vieux préceptes d'Hollywood et de la culture populaire se sentent particulièrement menacés, puisque l'objet de mes critiques porte sur le contenu et les pratiques de leur enseignement, ce qu'ils ressentent comme une attaque personnelle contre leur fonction même. Ceci est également vrai pour certains enseignants qui, bien que " radicaux " auto-proclamés, se sont également sentis offensés par mes critiques de l'enseignement des médias.

Le directeur du département Média d'une grande université britannique s'inquiéta ouvertement de ma proposition de venir dialoguer avec les étudiants. Malgré une demande d'honoraires modeste (environ 150 euros), il me répondit que c'était "bien au-dessus de ses moyens." Toutefois, l'essentiel de sa lettre laissait clairement transparaître que les questions d'argent ne constituaient pas vraiment sa préoccupation principale. Commentant mon courrier, il m'écrivit la chose suivante : "(...) La critique systématique du travail entrepris dans l'enseignement supérieur de ce pays me semble à la fois mal informée et condescendante. Lire une lettre d'une telle arrogance venant d'un réalisateur dont j'admire les films est une expérience déprimante. Votre rejet du travail entrepris dans l'enseignement supérieur ne peut qu'avoir l'effet de démoraliser ceux d'entre nous qui auraient sans doute été ravis de travailler à vos côtés pour un objectif commun."

Je répondis en expliquant que mes critiques de l'enseignement des médias ne se voulaient pas arrogantes et qu'elles témoignaient au contraire de la sincérité de mes préoccupations au sujet de la crise des médias. Je proposais donc de renoncer à mes honoraires, et suggérais que ma visite pouvait tout de même s'avérer intéressante, ne serait-ce que pour susciter un débat avec les étudiants. Le Directeur n'a jamais donné suite à ma requête.

Par la suite, j'ai adressé trois lettres au directeur du département des films documentaires d'une autre grande université anglaise située dans la même ville. Ce dernier ne se donna même pas la peine d'en accuser réception. Je reçus à la place une réponse d'une enseignante de sciences politiques me proposant d'organiser un débat avec ses propres étudiants. Je me revois ainsi, arpentant les couloirs pour trouver la salle prévue, découvrant des salles de montage pleines d'étudiants affairés. Là encore, on avait visiblement "omis" de les informer de mon intervention auprès des étudiants en sciences politiques.

En me remémorant ces expériences, la notion militaire de "repli stratégique" me vient à l'esprit. Les oppositions ne concernent d'ailleurs pas seulement les idées et la parole, mais également les films. Tout porte à croire que mes propres films, par exemple, sont interdits en Suède, et plus largement censurés dans toute la Scandinavie. Mon film pacifiste, **Le Voyage**, produit par le mouvement de la paix suédois en 1983-86, n'y est jamais montré ; ni à la télévision, ni dans les écoles, ni dans les établissements d'enseignement des médias... nulle part. **Le Libre-penseur**, produit par le Nordens Folk High School près de Stockholm en 1992-94, n'est guère plus populaire...

Le Libre-penseur, un film de 4h30 sur la vie du dramaturge suédois August Strindberg produit avec une vingtaine d'élèves en médias d'un lycée public, est pourtant un bon exemple d'un mode de travail alternatif développé dans un cadre institutionnel classique. Bien qu'unique en son genre (ou à cause de cela) dans les annales du système éducatif suédois, ce film est désormais strictement boycotté par ce même système, comme le reste de mes films au demeurant. Le principal centre de formation pour enseignants des médias refuse de l'utiliser, sans parler du reste du système éducatif qui ne reconnaît même pas l'existence du film !

Ces expériences malheureuses ne recouvrent fort heureusement pas la totalité de mes rapports avec les écoles et les universités. Je ne les cite qu'à titre d'exemples de la forte résistance du monde de l'enseignement des médias à toute idée critique, qu'elle provienne d'intervenants externes ou des quelques enseignants isolés qui luttent pour remettre en cause la pédagogie enseignée.

Plus positivement, ces trente dernières années m'ont également donné l'opportunité d'organiser un certain nombre de débats avec des étudiants, sans aucune résistance ni interférences. Dans le meilleur des cas, des enseignants ont même permis l'organisation de véritables cours semestriels, articulés autour du projet d'analyse des informations télévisées dont j'ai parlé précédemment. À ce titre, je tiens à exprimer mes plus vifs remerciements à David Hanan de l'Université de Monash en Australie; Roger Horrocks de l'Université d'Auckland en Nouvelle-Zélande; Birgitta Östlund du Nordens en Suède (qui a également produit **Le Libre-penseur**); Lasse Euler de la Red Cross Folk High School et Lena Israel de l'Université d'Halmstad, en Suède; Peter Harcourt de l'Université de Carleton et Peter Baxter de l'Université de Queens, au Canada; Scott MacDonald de l'Université d'Utica dans l'Etat de New York; Ken Nolley de l'Université de Willamette dans l'Oregon; Joseph Gomez, de l'Université d'état de Wayne, dans le Michigan; le personnel du département de film et vidéo de l'Université de York à Toronto qui a également vigoureusement soutenu mon travail. Ken Nolley de l'Université de Willamette et Nigel Young du Programme d'études pour la paix à l'Université Colgate de New York ont énormément collaboré au film **Le Voyage**.

Je voudrais mentionner ici le travail de Lena Israel, une enseignante en cinéma de l'Université d'Halmstad en Suède. Lena a entrepris depuis de longues années, l'analyse des différences entre la Monoforme et les structures "épiques" plus ouvertes des films de réalisateurs tels que Andrei Tarkovsky et Werner Herzog. Son travail est présenté dans un livre intitulé **Filmdramaturgi och vardagstänkande** (*Dramaturgie filmique et pensée quotidienne,* Gothenburg, 1991). Pour résumer, Lena avance la thèse selon laquelle les dramaturgies d'un certain type de films - ceux dont la structure ne laisse aucune place à une participation active et créative - conduisent le spectateur à devenir passif, alors que d'autres films, au contraire, activent ses potentialités. Ses travaux s'attachent également au problème de la *fictionnalisation* croissante de notre réalité, conséquence d'un savoir de plus en plus dépendant des productions diffusées par les mass médias audiovisuels. (cf. Annexe 9 – *Lena Israel et le cinéma épique*).

Scott MacDonald, enseignant et historien du cinéma vivant dans l'Etat de New York, est l'auteur d'une série de livres documentant les oeuvres de réalisateurs alternatifs, tels que Stan Brakhage, Michael Snow, J. Murphy, Yvonne Rainer, Trinh T. Minh-ha, et d'autres. Dans l'annexe 10, je cite des extraits d'un article de Scott décrivant le travail innovant de trois réalisateurs américains d'avant-garde, et où il donne des exemples d'utilisation alternative du cinéma, tant sur le plan de la forme que de celui du processus, qui n'ont rien en commun avec la Monoforme et la narration hollywoodienne. (cf. Annexe 10 – *Scott MacDonald et le cinéma américain alternatif*).

Réalisateurs, festivals et répression

Nous en arrivons au quatrième domaine de responsabilité dans la crise des médias : le rôle des producteurs et des réalisateurs de films eux-mêmes, y compris ceux de l'école documentaire. Combien de ces professionnels remettent-ils en cause la situation décrite dans les chapitres précédents ?

Commençons par un bref aperçu de quelques zones d'ombre du monde du cinéma et des compromis que l'on impose à de nombreux réalisateurs. Par-delà les aspects de la crise des médias décrits précédemment, les réalisateurs et les techniciens de cinéma sont également soumis à des influences néfastes supplémentaires : a/ Le rôle funeste joué par certains types de festivals qui renforcent la crise; b/ L'influence des responsables d'unités de programme et du processus appelé le "pitching" (brève présentation d'un projet à d'éventuels financeurs); c. La répression généralisée au sein des médias. Examinons en détail chacun de ces éléments :

• **Les festivals de films.** Avec le temps, de plus en plus de festivals de cinéma et de télévision, y compris malheureusement les festivals de films documentaires, se sont vendus corps et âme à l'esprit et au mercantilisme d'Hollywood. Limousines interminables pour véhiculer les derniers réalisateurs vedettes, fêtes en tout genre, potins des critiques et des paparazzi... L'ère des festivals glamour est repartie de plus belle.

En outre, de plus en plus de festivals de films et de documentaires sont désormais truffés d'interminables "débats thématiques", d'ateliers et de *master classes* animés par des réalisateurs, de séminaires pour débattre de "comment rester dans le coup". On comprend hélas très vite que ces événements ne sont que des farces, des villages Potemkine où les expressions branchées ("le plus éblouissant", "le plus brillant", "le film de la décennie", "l'avant-garde") servent de couverture au mercantilisme le plus bas, un peu à la façon dont fonctionne le blanchiment de l'argent.

"Ateliers" et "débats" sont généralement orchestrés dans la plus pure tradition de la Monoforme, flashs de confettis et de paillettes que l'on jette à la foule : 20 minutes d'extraits de films pour 20 minutes de questions-réponses avec le public...; on change de réalisateur et on recommence : 20 minutes d'extraits, etc. Par voie de conséquence, en considérant l'hypothèse improbable que soit abordé le thème de la crise des médias, le temps qui lui serait imparti serait à peu près aussi éphémère que les insectes du même nom.

D'aucuns prétendent que la superficialité et le mercantilisme importent peu, puisque les festivals nous permettent tout de même de voir des films que nous n'aurions jamais pu visionner autrement. Nous pouvons cependant émettre quelques doutes quant aux bénéfices que l'on pourrait tirer de la diffusion de films, quels qu'ils soient, dans des environnements à ce point rigides qu'ils empêchent l'éclosion de véritables débats avec le public et renforcent le rapport hiérarchique entretenu par les MMAV avec les spectateurs. Car dans ce processus fumeux, où l'hypocrisie des discours sur le "débat" et la "diversité" ne servent qu'à masquer une réalité *bassement commerciale*, le public n'est là que pour "allonger la **monnaie**" (le plus possible) et visionner le dernier film à la mode. On ne lui demande rien d'autre et l'on n'en attend rien de plus ; le reste n'est qu'affaire de décorum.

Compte tenu de ces problèmes, et de la quantité impressionnante de films projetés (un festival international a récemment programmé 345 films en une semaine), il est difficile de ne pas y voir une manifestation supplémentaire de la marchandisation audiovisuelle qui saisit notre planète et nous éloigne toujours davantage des formes proprement humaines de la réalité et de l'expérience. Ainsi, en lieu et place, on trouve un monde de substitution où "l'histoire", "la réalité" et "l'expérience" ne sont que des processus synthétiques élaborés par des tiers.

C'est un peu comme si l'espèce humaine s'était mise à s'enivrer de sons et d'images en mouvement. Nous ne semblons plus capables de détacher notre regard de l'écran, de nous extraire du vacarme et du scintillement pour nous demander ce qui nous arrive. Plus les excès de l'audiovisuel sont grands, plus nous acceptons facilement des processus aussi discutable que la Monoforme, et plus les enfants perçoivent les *sitcoms* et les programmes télévisés en général, comme des manifestations de la "réalité". De très nombreux festivals de films et de documentaires légitiment ainsi ces excès, en instillant la crise et ses produits dérivés au cœur de la conscience collective, sans l'ombre d'une interrogation ou d'un débat.

Les organisateurs de festivals de films en général, et les plus "prestigieux" en particulier, seront probablement en désaccord avec mes propos. Ils se considèrent comme les défenseurs du "cinéma de qualité" et les artisans de la démocratisation de l'accès public à des oeuvres rares. Plusieurs grands festivals ont ainsi diffusé certains de mes films, dont **Le Libre-penseur** et **La Commune (Paris, 1871)**. Des films qui sont, il faut le reconnaître, très difficilement visibles ailleurs, en raison de la marginalisation de mon œuvre à la télévision. Mais il faut avoir de cette question une perspective plus large que celle de sa propre expérience de réalisateur.

Le problème fondamental avec la plupart des festivals actuels, c'est que malgré (ou à cause de) la pléthore de projections de films "de qualité" (sans oublier non plus une forte proportion de films ouvertement commerciaux), l'aggravation de la crise mondiale des médias se poursuit, presque tranquillement et sans encombres. Le calendrier festivalier classique qui affiche 10 jours de ruée pour consommer des films à volonté, ne laisse aucun espace pour une réévaluation critique du rôle des mass media audiovisuels. En règle générale, là n'est pas, je le souligne encore, l'objectif de ces événements.

La plupart des organisateurs et des festivaliers justifient ces excès par le fait que de tels programmes apportent au spectateur une nécessaire "diversité." Mais si je suis également favorable (comme je l'ai déjà écrit) au développement de formes alternatives d'expériences audiovisuelles, il convient tout d'abord de bien s'entendre sur les termes. Pour la majorité des MMAV, "diversité" signifie une variété d'expériences audiovisuelles centralisées et standardisées. C'est-à-dire un choix infini de films et de réalisateurs qui ont pour objectifs la satisfaction de leurs propres besoins : que ceux-ci relèvent de l'ego, d'une pulsion créatrice, d'une préoccupation esthétique ou d'un choix professionnel. La production de films ne déroge pas à cette règle, le public n'y étant jamais considéré comme autre chose qu'un groupe de spectateurs passifs figés dans un processus à sens unique. Dans son acception dominante, la "diversité" n'est qu'une formule destinée à camoufler les excès audiovisuels décrits précédemment. Lorsque j'évoque des processus audiovisuels alternatifs, le terme "diversité" prend un tout autre sens, sur lequel je reviendrai ultérieurement.

Le processus audiovisuel contemporain peut essentiellement être comparé à des soldes dans un hypermarché où les clients se ruent d'une allée à l'autre. Le phénomène de l'obésité, qui affecte un pourcentage croissant de la population des pays riches, notamment parmi les jeunes, n'est d'ailleurs pas sans rapport avec la crise des médias. L'obésité, c'est-à-dire une consommation excessive, ne se manifeste pas uniquement à travers l'état physique de notre corps.

Difficile en effet, de ne pas percevoir les grands festivals contemporains comme autant de prolongements "logiques" du mode de vie nombriliste qui domine nos sociétés occidentales : des millions de personnes confortablement installées dans l'obscurité, s'administrant leur nouvelle dose audiovisuelle, tandis que le monde extérieur tombe en ruine. L'énormité des sommes investies dans la production et la consommation de tous ces films, alors que tant de personnes souffrent de la crise économique et des inégalités croissantes, constitue en soi un sujet préoccupant.

Un journal canadien décrivait l'échec commercial de deux films hollywoodiens récents ("morts" selon l'expression employée), dont la production avait coûté 215 millions de dollars et qui n'avaient rapporté "que" 75 millions de dollars de bénéfices. Imaginons un instant ce qu'on aurait pu faire avec ces millions de dollars dilapidés dans quelques malheureuses bobines de celluloïd. En Afrique, par exemple, où un grand nombre de personnes meurent chaque année de paludisme ou du sida, simplement parce qu'elles ne peuvent se payer les médicaments disponibles pour combattre ces pandémies.

Qu'évoque dans notre esprit le record de ventes 2002 de tickets de cinéma pour un total de *neuf milliards* (*billions* en anglais) de dollars ? Il est vrai qu'il existe deux versions, que je confonds constamment, pour définir ce qu'est un milliard (billion) : la différence entre les Américains et les Européens étant, il me semble, de l'ordre de trois zéros de plus ou de moins (NDT : un billion américain équivaut à un milliard, soit mille millions ; un *billion* anglais se dit également billion en français et représente un million de millions). Mais quand bien même nous choisirions le chiffre le moins élevé, nous en arriverions tout de même à la somme invraisemblable de *deux millions et demi* de dollars dépensés chaque jour et qui servent à payer notre dose audiovisuelle (ces chiffres ne concernent probablement que Hollywood et pas "Bollywood" et ses variantes d'Asie et d'Amérique Latine).

Cette somme colossale de 9 milliards de dollars ne prend en compte "que" *la consommation*, et ne recouvre pas les fonds immenses engloutis dans *la production* et *la promotion* de films, qui, pour la plupart, sont dotés de budgets de 40 à 100 millions de dollars et plus chacun. Comment réagir à de tels chiffres si l'on songe à la façon dont tout cet argent pourrait servir dans la lutte contre la pauvreté, l'analphabétisme, le VIH/Sida?

Le problème, c'est que tout cela n'a plus aucun sens pour nous. Le monde des MMAV est désormais tellement déconnecté de toute réalité sociale, qu'un article récent d'un critique de cinéma, s'autorisait à recenser les plus mauvais films d'Hollywood de l'année 2002, en se basant sur les sommes générées au box-office comme critère de sélection ! Cette liste citait notamment : **The Adventures of Pluto Nash** (*Pluto Nash,* $4,41 millions), **Treasure Island** (*L'île aux trésors,* $32,8 millions), **Windwalker** (ndt : ce film n'est pas sorti en France, $40 millions), **The Widowmaker** (*K-19: Le piège des profondeurs,* $35 millions), **The Four Feathers** (*Frères du désert,* $18 millions de dollars), **Reign of Fire** (*Le règne du feu,* $43 millions), **Collateral Damage** (*Dommage Collatéral,* $40 millions), **Hart's War** (*Mission évasion,* $19 millions), **Rollerball** (un remake de *Rollerball,* $19 millions), etc. Non seulement cette liste totalise plus de 250 millions de dollars gaspillés (sans compter les sommes englouties dans la phase de production) mais son auteur faisait précéder les recettes pour chaque film par l'adverbe "seulement" : "*a réalisé seulement 32.8 millions de dollars à ce jour...*"

• Le "pitching" et les responsables d'unités de programmes. La crise qui frappe actuellement une majorité de réalisateurs de documentaires peut être résumée ainsi : plutôt que de rechercher des financements pour un film à travers des rencontres et des discussions avec les cadres de la télévision (la télévision représente la source de financement principale pour les documentaires), il est désormais nécessaire de "pitcher". Le processus est le suivant : une fois le projet de film "retenu", au terme d'une présélection hautement compétitive, le réalisateur est invité à se rendre à un festival de film ou de télévision (souvent désigné par les vocables "marché" ou "forum"). Là vous attend, dans un auditorium bondé, un échantillonnage de responsables d'unités de programmes télévisuels armés de blocs-notes et de chronomètres. Les réalisateurs doivent se mettre en rang pour s'avancer à tour de rôle et se voir alloués *5 minutes* chacun pour présenter leurs projets. Une sonnerie annonce que les *5 minutes* sont écoulées et qu'il faut impérativement interrompre sa présentation. La sonnerie retentit une nouvelle fois pour donner le signal d'un autre décompte de *5 minutes*, destiné celui-ci à vous permettre de répondre aux questions des responsables d'unités de programme concernant votre projet. Une nouvelle sonnerie signe la fin de la prestation. Le réalisateur suivant s'avance...

Bien des festivals de films et de documentaires font de ces séances dégradantes le clou de leur spectacle (et des opportunités commerciales). Le public, en l'occurrence les professionnels concernés, est invariablement présent en grand nombre. Les visages dégoulinants de sueur des réalisateurs sont projetés sur un écran numérique géant. Le "pitching" est désormais devenu un sport à grand spectacle particulièrement obscène, mélange d'arènes romaines et de procès staliniens. On ne peut qu'avoir la nausée devant le spectacle de ces réalisateurs aux visages ruisselants et implorants face à la toute puissance des responsables d'unités de programmes.

En 2002, un article inquiétant (d'autant plus inquiétant que son auteur semblait complètement inconscient de la crise qu'il décrivait) publié dans un grand quotidien canadien racontait dans le détail une "séance de pitching" au Festival télé de Banff au Canada (à l'endroit même où est née cette idée de "pitching"). Le point culminant de cette session particulière était un "super-pitch", au cours duquel trois réalisateurs de documentaires devaient s'affronter pour remporter les 50 000 dollars mis en jeu pour le financement de leurs projets. Cette fois, les réalisateurs ne disposaient plus que de *3 minutes* chacun pour leurs "pitchs" (je vous mets au défi de décrire sérieusement un film - son contenu, son sens, son style - en si peu de temps). Pour le pitch d'un projet portant sur l'universalité de l'humour, le réalisateur raconta une blague du Moyen-Orient dans laquelle une personne lâche un pet... Je vous laisse deviner quel projet recueillit les faveurs des responsables des programmes...

Qui sont donc ces responsables et *quelle* est leur fonction ?

Ces cadres appartiennent au club très fermé des privilégiés de la télévision qui contrôlent ce que la chaîne achète et diffuse ; ils sont également chargés de sélectionner les projets qui bénéficieront de l'aide à l'écriture et à la production.

Ambitieux, influents, et (souvent) impitoyables, ils se sont nourris de la crise des médias pour gravir les échelons du pouvoir et parvenir à leur position actuelle de contrôle quasi-absolu sur tous les programmes diffusés à la télévision. Cette petite corporation de cadres (habituellement 2 à 6 personnes par chaîne) détient les rênes du pouvoir sur tout ce que la télévision finance (depuis les "divertissements" jusqu'aux fictions en passant par les documentaires). Ils contrôlent non seulement les structures, les styles et les contenus des programmes, mais participent aussi, en collaboration avec les responsables des grilles de programmation (autres personnages influents), à la décision finale de diffusion ou de non-diffusion du document en question.

Ces cadres télévisuels n'ont bien entendu jamais été élus par le truchement d'un quelconque processus démocratique ou participatif. Ils sont parfaitement inconnus du public, qui ne connaît ni leurs noms, ni leurs fonctions. Pourtant, ces individus sont directement responsables du déclin de la télévision, sans précédent depuis la naissance de ce médium vers la fin des années 1940. Ils portent la responsabilité (à travers les "séances de pitching" qu'ils orchestrent) de la standardisation flagrante des styles et des contenus, de la corruption des principes éthiques, et de la destruction endémique des rares "niches" créatives. La culture du "pitching" que ces gens ont promu, et leur culte des pires icônes médiatiques (la superficialité, l'outrance, la facilité, la vulgarité, le sensationnalisme, le préfabriqué, le mercantilisme, la bêtise), ont signé la faillite des quelques vestiges positifs que la télévision représentait encore en tant que médium, et ont précipité la mort programmée de l'école du cinéma documentaire.

Le "pitching", la Monoforme, et l'Horloge Universelle ont désormais partie liée pour former le kit réglementaire exclusif d'homologation des documentaires produits par les télévisions du monde entier. Les responsables d'unités de programmes de la télévision y jouent un rôle aussi fondamental que catastrophique.

Au Canada par exemple, on demande aux diffuseurs télévisuels de ne couvrir que 25 à 35 % environ du budget total d'un film. Le reste du financement provient généralement de diverses sources publiques et privées, comme les Fonds Canadiens de Télévision, qui peuvent financer jusqu'à 55 à 60 % du budget total. La moitié des sommes émanant de ces fonds proviennent des contribuables par l'intermédiaire du Ministère du Patrimoine Canadien ; l'autre moitié est fournie par les industries de la télévision par câble. De plus, un réalisateur n'a le droit de postuler à une subvention des Fonds Canadiens de Télévision, qu'après l'obtention d'un accord définitif avec un diffuseur acceptant de verser les premiers 20 à 35% du budget. Les diffuseurs sont donc bel et bien, et dans tous les sens du terme, les gardiens du temple.

Ce problème touche aussi de plein fouet la production des films de fiction. En France par exemple, sur une récente fournée de 120 longs-métrages, 10 à peine ont été produits sans un quelconque financement de la télévision.

• **La répression.** Comme vous aurez pu le constater, il est aujourd'hui extrêmement difficile pour les réalisateurs de concrétiser leurs projets de film au sein des circuits commerciaux de la télévision ou du cinéma, à moins de se soumettre aux normes quasi-obligatoires de : a/ L'idéologie de la culture populaire, b/ Le standard de la Monoforme. C'est la raison pour laquelle un si large éventail de formes alternatives de la communication audiovisuelle est volontairement ignoré par les "professionnels de la profession." Une marginalisation qui vise tout particulièrement les films usant de formes narratives différentes, de montages plus lents, contemplatifs et complexes, et tous ceux qui dédaignent les thèmes simplistes et violents, au profit de préoccupations sociales et de regards critiques.

La nature et l'étendue de cette répression demeurent parmi les secrets les mieux protégés du regard public. Les MMAV refusent de débattre de l'importance de ces questions, et usent de toutes leurs forces pour enterrer les films ou les programmes télévisés qui tentent de le faire à leur place. Selon moi, il ne fait aucun doute que le mur de silence qui entoure mes propres films depuis le début des années 1980 est lié à ma volonté de remettre en cause le centralisme nondémocratique des MMAV et de le défier par des exemples concrets de réalisation alternative.

Cette répression n'affecte pas seulement mes films mais aussi mes déclarations publiques. Le refus d'engager le débat autour de l'analyse critique présentée dans ma publication en deux parties **The Dark Side of the Moon** (*La face cachée de la lune*, 1997, 2 réponses obtenues sur 100 envois adressés à des enseignants des médias et des hauts dirigeants des MMAV), fut l'une des formes de cette répression. Le rejet par la *Société Radio Canada (Canadian Broadcasting Corporation, CBC)* du **Rapport sur la couverture par la CBC du Sommet de Shamrock** de 1985, produit durant la réalisation du film **Le Voyage**, en fut une autre.

Ceux qui contrôlent les MMAV partent du principe qu'ils peuvent soit ignorer les critiques et les tentatives menées pour lancer un débat public sur le rôle des mass media, soit soumettre les voix discordantes par l'intimidation. Et si cela ne suffisait pas, il leur reste l'option de marginaliser le réalisateur. Tout semble attester que ces tactiques sont extrêmement performantes.

Le sérail des dirigeants de la télévision mondiale est en fait très restreint. Comme cela a été décrit précédemment, la majorité de ces cadres dirigeants se réunissent une fois tous les deux ou trois mois, à l'occasion des marchés de la télévision, fêtes du cinéma et autres "séances de pitching", organisés à travers la planète. L'occasion pour le gang des contrôleurs des médias d'échanger des potins et de consolider les intérêts et le pouvoir de son réseau planétaire. C'est là, au hasard d'une discussion informelle autour d'un café ou d'un verre de vin, que le processus de marginalisation est initié, avant d'être confirmé par téléphone, e-mail ou télécopie.

Pour discréditer les oeuvres des individus qui leur paraissent trop critiques, l'une des tactiques les plus éprouvées - j'en ai moi-même fait l'expérience à de nombreuses reprises - consiste à les classer parmi les films "amateurs... pas assez professionnels... d'une qualité insuffisante pour être diffusées à la télévision"... Depuis les années 1960, c'est précisément ce type d'accusations que portent les professionnels de la télévision à l'encontre de mes films.

La *BBC* par exemple, a publiquement expliqué que si elle avait interdit d'antenne **La Bombe** pendant 20 ans, c'était simplement dû au fait que ce film constituait un échec en tant qu'expérience télévisuelle (alors que nous savons aujourd'hui que la véritable explication tournait autour de la menace que le film représentait pour la politique de défense gouvernementale de la Grande-Bretagne !). Jusque dans les années 1990, la *BBC* a continué d'expliquer à qui voulait l'entendre pourquoi mes films n'étaient pas programmés : "Les films de Peter Watkins n'ont pas surmonté l'épreuve du temps". C'est probablement aussi la raison pour laquelle l'*Institut du Film Britannique (BFI)* de Londres, dans l'édition 1995 de l'*Encyclopédie du Cinéma Européen*, a choisi d'omettre toute mention me concernant en tant que réalisateur et toute référence à mes films.

Je décris ailleurs dans le détail (voir mon site Internet lituanien, www.peterwatkins.lt), la "logique" invoquée en France par la chaîne de télévision Arte pour que mon dernier film, **La Commune (Paris, 1871)**, soit diffusé à une heure si tardive que le public, dans sa très grande majorité, était déjà profondément endormi. "Vous vous rendez bien compte, Peter, que vous n'avez pas tenu l'objectif que vous vous étiez fixé ?", m'a expliqué un haut responsable d'unité de programmes en réponse à mon refus de poursuivre le montage pour le conformer à la structure de la Monoforme ; tout cela dans le but, je cite, "d'aider les spectateurs." Sur un plan personnel, l'aspect le plus blessant de cette marginalisation de mon œuvre réside dans le fait qu'elle a été effectivement marginalisée sur un fond de louanges chantées par les gens de la profession à l'adresse de mes films et des innovations que j'y ai introduites qui auraient révolutionné le genre du "documentaire-fiction" dans les années 1960. On m'a également confié que mon travail aurait influencé de nombreux réalisateurs.

En-dehors de certaines lettres de soutien que je reçois de la part du public ou de quelques jeunes réalisateurs et que j'apprécie à leur juste valeur, il m'est difficile pour moi d'accepter de tels éloges de la part de gens des MMAV qui collaborent à des pratiques audiovisuelles indissociables de la crise des médias. Pour donner un exemple typique récent, un important producteur d'une société nationale de diffusion a publié un livre pour accompagner une série de documentaires qu'il venait de produire, dans lequel il reconnaissait à maintes reprises la dette qu'il avait envers mes films des années 1960. Il n'est par contre jamais venu à l'esprit de ce producteur ou de la société qu'il représente, de me demander de travailler à cette série. De même, il n'a jamais été question, ne serait-ce qu'une fois, de l'éventualité de produire l'un de mes projets de films pour une chaîne nationale quelconque. La série en question n'a d'ailleurs absolument rien à voir avec mon travail, si ce n'est à un degré très superficiel.

Ces hommages hypocrites au "bon vieux temps" représentent une sorte de cri de conscience pour ces gens des MMAV qui savent qu'ils se sont vendus au système, mais qui se souviennent de l'époque où la télévision était un médium différent. Les mêmes qui, une fois la mélancolie évacuée, s'empressent de marginaliser leurs collègues qui osent critiquer l'odieux système de répression, de clientélisme et de mercantilisme que ces faux nostalgiques ont contribué à entretenir.

Tout cela fait que mon oeuvre est désormais quasi-censurée dans l'ensemble du monde occidental, et que mes trois derniers films (**Le Voyage**, **Le Libre-penseur**, et **La Commune (Paris, 1871)**) figurent aux premières places de la liste noire établie par l'ensemble des télévisions. (Pour une analyse plus poussée des réactions à la plupart de mes films au cours de ces 35 dernières années, voir mon site : www.peterwatkins.lt)

La situation dans laquelle se trouvent mes films n'est qu'un aperçu en réduction d'une crise beaucoup plus large. Ceux qui tentent d'analyser le rôle des médias, et ceux qui, tout simplement, veulent entreprendre un travail sérieux de réalisation, sont aujourd'hui traités avec un mépris sans précédent dans l'histoire des médias audiovisuels. Tout aussi extraordinaire est le degré actuel d'interférence des responsables d'unités de programmes, à tous les niveaux du processus créatif, dans le but de conformer les programmes à la Monoforme et aux diktats des impératifs marchands.

Récemment, la *BBC* informa un réalisateur britannique connu et expérimenté, qui faisait mine de refuser d'amputer son film pour faire de la place aux *annonces publicitaires* : "Vous ne travaillerez plus jamais pour la *BBC* !". Un jeune réalisateur du Sud-Est de l'Angleterre apprit que son film à propos d'un conflit opposant des pêcheurs à l'industrie du tourisme, ne pourrait trouver un public qu'à la condition d'intégrer dans son scénario un chef cuisinier prestigieux ! Un jeune réalisateur français m'a rapporté l'histoire cauchemardesque de son travail avec

Arte pour terminer le montage d'un film. Lui aussi avait eu à subir les interférences répétées du responsable d'unité de programmes : ordre fut donné d'ajouter de la musique, puis de la narration, contre-ordre pour les retirer et injonction finale pour les rajouter une dernière fois. L'inventaire des interférences, des humiliations, et de la répression subies ces vingt dernières années par les réalisateurs, entre les mains des cadres et des responsables d'unités de programmes de la télévision, pourrait alimenter à lui tout seul un site Internet aussi volumineux qu'accablant.

Parallèlement à cette brève présentation du rôle des festivals, du "pitching" et de la répression, il ne faut pas oublier que cette crise est profondément liée à la dégradation de l'enseignement des médias. Le "pitching" est désormais enseigné dans les écoles, non pas pour mener une analyse critique de cette pratique dégradante, mais pour apprendre à la maîtriser avec succès. Difficile d'illustrer plus clairement le degré de complicité qui existe aujourd'hui entre l'éducation aux médias et les MMAV.

Je n'oublierai jamais une visite effectuée, il y a quelques années, dans un département de cinéma d'une école d'art londonienne. Je discutais avec quelques d'étudiants qui revenaient d'un festival dans la région des Midlands, où un jury de responsables d'unités de programmes leur avait énoncé la loi de standardisation des "flux temporels" (l'Horloge Universelle). L'un de ces jeunes réalisateurs, visiblement bouleversé par ce qui les attendait dans le monde des médias, me demanda : "C'est vraiment dans cette histoire-là que nous nous embarquons ?"
Venons-en à la question fondamentale du rôle des réalisateurs et des producteurs de documentaires. Dans quelle mesure, ces professionnels ont-ils

affronté la crise qui nous occupe ? Comment ont-ils travaillé avec le public pour remettre en cause les tendances et les pratiques des MMAV présentées dans ces pages ?

On ne s'attend évidemment pas à ce que la contestation vienne du monde des réalisateurs commerciaux d'Hollywood. Il est en revanche plus difficile d'admettre qu'une majorité de réalisateurs et de producteurs de documentaires s'accommodent sans sourciller de la crise des médias ! Tout en se plaignant du manque de financement ou des contraintes décrites précédemment, la plupart des professionnels des MMAV, dont de nombreux réalisateurs et producteurs de documentaires, acceptent implicitement sinon ouvertement, les règles du jeu qui sont à l'origine même de cette crise.

En privé, certains de ces professionnels peuvent faire preuve de cynisme, voire même de critiques à l'égard des MMAV. Mais cela ne les empêche pas d'être pendus au téléphone avec les cadres de la télévision pour réserver leur place à la prochaine séance de "pitching." Ceux qui font mine de ne pas être au courant de la crise, vous répondront invariablement une fois informés : "C'est comme ça!"

Pour beaucoup de réalisateurs et de producteurs de documentaires, la compromission est le fruit d'un mélange de peur, de résignation et de pression économique. D'autres se sont adaptés à un système corrompu qu'ils semblent finalement apprécier. Si l'on en croit leurs sites Internet, beaucoup d'entre eux paraissent en tout cas raffoler des séances de "pitching."

Très peu de réalisateurs engagés sont réellement disposés à dénoncer ouvertement les dérives de leur profession, et certainement pas au risque de compromettre le budget de leur prochain film.

Il est indiscutable que les MMAV sont prêts à tout pour protéger leurs pratiques isolationnistes et égoïstes, y compris en sanctionnant les professionnels qui dérangent. Pourtant, l'existence même de ce genre de menace ne devrait-il pas être une motivation supplémentaire susceptible d'alimenter une bien plus grande résistance au sein de la profession ?

Malheureusement, à l'exception de quelques voix isolées, force est de constater que notre époque se caractérise par une absence marquée d'opposition organisée et collective aux dérives qui affectent notre profession.

Les citations de réalisateurs et de producteurs qui suivent sont extraites du site Internet d'un festival de documentaire et d'une section consacrée à la promotion de leur séance de "pitching."

"Ce fut une expérience fabuleuse. Ça m'a ouvert les yeux sur les manières de financer un documentaire sans tirer sur mes propres ressources."

"(...) Une expérience et des contacts précieux avec des diffuseurs internationaux opportunément rassemblés dans un même lieu au même moment."

"Ce fut pour moi une expérience formidable (bien qu'angoissante) en tant que producteur débutant. Cela m'a donné une bonne perception de ce qui intéresse les diffuseurs et une opportunité de nouer des contacts pour d'autres projets. De plus, l'atelier de "pitching" était génial : abordable, réjouissant, et très enrichissant."

"C'était super de voir toutes ces personnes rassemblées; une véritable opportunité pour forger ou renouer des liens avec la communauté internationale du documentaire."

"(...) Globalement profitable aux rencontres avec de nouveaux producteurs et à la consolidation de relations."

"Ce fut extraordinairement enrichissant et instructif à la fois pour les producteurs et leurs représentants."

"Assez grand pour être dynamique tout en restant suffisamment intime pour se retrouver avec les bons interlocuteurs."

"Un bon endroit pour faire découvrir aux diffuseurs ce qui se passe dans le reste du monde."

"Le succès du [festival...] repose sur le fait que pendant deux jours, les diffuseurs et les acheteurs ne font vraiment rien d'autre que d'être assis à écouter les réalisateurs pitcher leurs projets."

Ce qui ressort clairement de ces citations, c'est qu'elles mettent l'accent sur la recherche de financements et l'établissement de contacts professionnels. Il n'est fait mention du **public** nulle part, qu'il s'agisse de la façon dont il est affecté par la crise des médias ou par les décisions prises lors de ces séances de "pitching." Nouer des liens, signifie ici développer des contacts avec les réalisateurs, pas avec le public. Le **public** est totalement exclu de ces opportunités "d'apprendre ce qui se passe dans le reste du monde" et "de voir toutes ces personnes rassemblées."

Au cours d'une "séance de pitching" lors de l'édition 2002 du Festival Télévision de Banff (Canada), un documentariste canadien en vue fit la remarque suivante : "C'est un peu comme un club; si vous êtes membres, vous pouvez assister aux réunions annuelles."

De telles déclarations trahissent un très faible niveau de conscience ou d'autocritique de la responsabilité des réalisateurs dans cette crise globale et sont symptomatiques de l'environnement de plus en plus élitiste et inaccessible qui caractérise une grande partie du courant dominant du documentaire.

Pour ce qui concerne l'éloge du "processus de pitching", une telle pratique encourage (ou force) l'émergence d'une nouvelle génération de films vidéos et numériques à coûts ultra-réduits. Pour autant que ce phénomène apporte un renouveau de la relation démocratique entretenue avec le public et qu'il fournisse des programmes qui remettent en cause l'orthodoxie médiatique actuelle, on ne pourrait que se réjouir d'une telle évolution. Hélas, une grande part de cette nouvelle génération de programmes télévisés à très petits budgets échoue lamentablement à relever ce défi. De nombreuses personnes, fraîchement sorties des écoles de cinéma ou d'ailleurs, ne sont que trop contentes de pouvoir fournir à la télévision sa matière première hollywoodienne : "documentaires" à la chaîne, brefs sujets d'actualités, clips vidéos à la sauce *MTV*, reality-shows...

Un collègue, qui venait de participer au comité de présélection d'un festival de films documentaires, m'a confirmé qu'à peine 2 vidéos sur 20 n'étaient pas totalement imbibées de Monoforme, de musique narrative, d'effets spéciaux, de montage rapide...

Dans la déclaration qui suit, énoncée par un réalisateur lors d'une séance de "pitching" du Festival de Films de Banff, on sent poindre une autre notion très dangereuse pour l'école documentaire : "Je ne pourrais jamais réaliser un film de fiction car cela implique de tout contrôler et de ne rien laisser au hasard... Dans le documentaire, l'intrigue se déroule naturellement. Tout est spontané et souvent très intense. Rien n'est écrit."

Le mythe, véhiculé par notre profession, d'un documentaire télévisuel qui serait moins scénarisé et contrôlé que les films manipulateurs hollywoodiens, est à rapprocher de la notion "d'objectivité". Les déclarations "spontanées" des "télé-trottoirs", ou les événements imprévus survenant pendant le tournage, n'en sont pas moins disséqués, contrôlés, manipulés et conformés au moule totalement rigide et non-spontané qui sera finalement proposé au public, un processus qui intervient généralement au cours de la phase cruciale du montage.

Toutes ces questions sont rarement débattues dans les milieux du documentaire, que ce soit par les réalisateurs ou les enseignants. Le public et les étudiants en médias en sont donc réduits à penser que les critères et les pratiques de manipulation des MMAV sont "professionnels" et "normaux", et qu'il n'existe pas d'autres façons de faire un film.

Il ne s'agit pas de prétendre ici qu'il existe une forme idéale de réalisation susceptible d'éviter toute manipulation du public. Ce n'est tout simplement pas vrai ! Le simple fait d'utiliser une caméra posée sur un pied pour enregistrer statiquement les propos d'une personne, n'est ni neutre, ni objectif. Qui décide de l'angle de la prise de vue ? Qui choisit le type d'objectif et d'éclairage, la durée de la prise, les plans qui seront abandonnés au montage ? Ces choix, qui sont toujours le fruit de décisions humaines prises au cours du processus audiovisuel, impliquent inévitablement une forme ou une autre de parti pris personnel (ou commercial).

Les MMAV, ainsi qu'une grande partie de l'école documentaire, sont malheureusement embourbés dans la production à grande échelle de **contenus** (sujets et thèmes), tout en ignorant superbement les véritables questions de processus de communication. Les contenus eux-mêmes sont largement dévitalisés par le concept archaïque (et totalement faux) d'objectivité et sont figés par les contraintes et les considérations commerciales énoncées ici.

Les solutions potentielles à cette crise (ou les *idées alternatives* sur les questions de **forme** et de **processus public**) ne sont pas monnaie courante dans l'univers actuel du cinéma et du documentaire. Elles sont rarement débattues, et encore moins envisagées lors des phases de préparation concrète d'un projet de film. Encore une fois, la faute en revient aussi bien au secteur éducatif qu'aux cadres de la télévision dont les exigences, dévoilées notamment lors des "séances de pitching", entraînent la standardisation de l'offre. C'est également une conséquence de l'autocensure qui prédomine chez les professionnels immergés dans un climat de peur.

D'un autre côté, de nombreux réalisateurs de documentaires *ne veulent tout simplement pas* s'opposer à une crise qu'ils perçoivent exclusivement comme un état de tension et d'innovation stimulant pour leur énergie créatrice ou leur démarche artistique. Ce point de vue n'est défendable que si l'on se situe dans le cadre d'une interprétation traditionnelle de la réalisation, qui suppose l'*acte créateur* lui-même comme étant d'une importance capitale (et par voie de conséquence stimulant). Vu sous cet angle, l'acte créateur devient une manifestation de l'ego qui ne peut souffrir la participation du public à quelque niveau que ce soit.

Deux décennies de programmation et d'idéologie fondées sur la Monoforme la plus étriquée, les attraits d'une formation aux médias imprégnée de culture populaire, l'excitation et la "liberté" procurées par une technologie numérique toujours plus compacte et sophistiquée et un environnement professionnel qui isole constamment davantage la majorité des réalisateurs de leur public : tels sont les ingrédients d'un drame aux conséquences tragiques.

Du point de vue des sujets qui pourraient être explorés et discutés avec la participation active du public, la réalisation est d'ailleurs pratiquement déconnectée des aspirations des spectateurs. Dans l'environnement actuel, les sujets et les contenus sont prédéterminés par les réalisateurs et les programmateurs de la télévision. Les thèmes et les processus alternatifs initiés en interaction avec les communautés publiques n'existent pas. En d'autres termes, les besoins du public sont également arbitrairement prédéterminés, tout comme les formes et les processus mis en oeuvre dans la plupart des films documentaires.

Prenons l'exemple classique de la manière dont sont structurés les journaux télévisés. Les interprétations et les réactions du public à un événement particulier sont décidées par les professionnels des MMAV avant même que le programme ne soit diffusé. Ces derniers ne souhaitent pas que les idées, le discernement ou l'analyse du public viennent parasiter le processus interprétatif. Ils ne veulent d'ailleurs pas de lecture plurielle. La Monoforme, qui empêche tout type de réflexion et de contribution des spectateurs, est donc la forme de langage idéale et la mieux adaptée à leurs objectifs strictement contrôlés et foncièrement centralisateurs.

L'idée que des documentaires (et donc des actualités télévisées) puissent impliquer une quelconque participation publique, constitue pour les MMAV une véritable hérésie. Suggérer aux responsables des programmes d'informations télévisés qu'ils pourraient expérimenter des formes et des processus laissant au public sa part d'interprétation, susciterait tout au plus quelques rires sardoniques de la part de professionnels opposés à toute remise en cause de leur pouvoir. Il me semble que nous touchons là le nerf du problème qui agite la crise des médias. (J'approfondis cette question et suggère quelques alternatives possibles dans mon dernier chapitre consacré au **public**.)

Certains documentaristes seront certainement très irrités par mes propos et nieront tout égoïsme dans leur processus de réalisation en invoquant au contraire une réelle prise en compte de leur public. Mais le font-ils vraiment ? Et quel degré de contrôle sont-ils prêts à partager ?

La *relation typiquement hiérarchique* que de nombreux réalisateurs établissent avec leur public, indique que le problème est loin d'être surmonté. Comme je l'ai déjà mentionné, ceci est généralement dû au fait que le contenu est jugé plus important qu'une relation ouverte avec le **public**.

Ainsi, la plupart des réalisateurs s'appuient-ils sur une forme narrative et un processus hiérarchique pour décharger le contenu unilatéral de leur film sur un public traditionnellement passif. Si, dans certaines situations et pour certains publics spécifiques, le contenu a son importance, il n'en demeure pas moins vrai que la forme et le processus fonctionnent souvent de façon *antinomique*.

Cela signifie qu'un film, fut-il débordant de bonnes intentions, peut s'appuyer sur des moyens et des méthodes en totale contradiction avec les objectifs affichés, notamment dans le rapport qu'il établit avec son public.

Il est possible que certains réalisateurs soient intimement convaincus que le public a besoin de formes simplistes et manipulatrices. C'est en tout cas ce qu'on apprend dans les écoles de cinéma et ce que réclament les cadres de la télévision. Il se peut que d'autres s'en moquent pour autant qu'ils jouissent du plaisir que leur procurent la réalisation et le pouvoir exercé sur le public (l'utilisation de la Monoforme sur la table de montage peut presque provoquer un état psychique de "défonce").

Afin de s'assurer de l'**impact** de leur film, au premier chef sur le public, de nombreux réalisateurs ont recours aux techniques classiques de réalisation et de tournage. Cet **impact**, qui repose sur la vitesse et le choc, est largement plus prisé que les processus qui ont recours à des procédés plus subtils et moins tape-à-l'œil, notamment en impliquant le public.

Ce problème est illustré de manière parfaitement explicite dans la façon dont le montage est actuellement enseigné dans les cours et écoles de cinéma. Comme le démontrerait n'importe quel manuel technique de cinéma (plus simplement on peut également allumer la télévision), le montage est un outil destiné à donner à un film ou à un programme télévisé de la continuité, de la structure, du rythme et de l'*impact*.
La question de "l'impact" fait partie intégrante de la dynamique hiérarchique. Faites asseoir dix personnes sur une rangée de chaises, les jambes droites croisées sur celles de gauche, et frappez simultanément tous les genoux droits : toutes les

jambes tressauteront au même moment. C'est exactement l'effet recherché par le monteur, c'est-à-dire produire un *impact identique* qui puisse être ressenti au même instant par un maximum de spectateurs.

L'idée qu'une réalisation "parfaite", bien rodée et professionnelle, devrait automatiquement se traduire par ce type d'effet simultané sur le public, est l'un des nombreux préceptes qu'il importe de combattre. Il est indispensable de parvenir à s'émanciper de cette vision étriquée et bornée. Non seulement il est possible de développer une relation créative et démocratique avec le public, mais c'est la condition indispensable pour permettre l'éclosion de nouvelles formes et processus filmiques. "L'impact", tel qu'il est défini dans la réalisation classique, est un processus d'enfermement (par lequel les spectateurs sont traités comme des quilles sur une piste de bowling filmique) et en aucun cas un système d'ouverture.

Par expérience, je sais que de nombreux professionnels des médias répliqueraient que les réalisateurs ont aussi peu de rapport avec la démocratie que les peintres ou les sculpteurs dans leur domaine de création artistique. Mais il faut comprendre que les différences radicales qui caractérisent l'utilisation de la forme audiovisuelle des mass media placent les personnes qui s'en servent à un tout autre niveau de responsabilité.

D'abord, la peinture, la sculpture, la poésie ou la littérature entretiennent une relation temporelle totalement différente avec leur public, notamment parce qu'elles permettent à l'individu de maîtriser le temps qu'il lui faut pour apprécier une oeuvre. Le fait de pouvoir jouir, dans ce processus, d'un contrôle personnel du temps et de l'espace, est un élément totalement absent de la consommation audiovisuelle.

Ensuite, l'acte audiovisuel domine *simultanément* l'essentiel de nos sens. Tel n'est pas le cas d'autres formes d'art ou de processus de communication, qui laissent au récepteur le contrôle de l'un ou l'autre (au moins de ses sens premiers tels que l'ouïe, la vue), l'aidant ainsi à participer au processus *interactif* vital par l'activation de sa propre imagination.

De plus, les médias audiovisuels s'efforcent généralement d'avoir un impact *simultané* sur des millions de personnes. Cette spécificité distingue également les médias des autres processus artistiques et de communication.

Enfin, l'aspect le plus grave, c'est que l'idéologie et les pratiques des mass media audiovisuels sont principalement fondées sur la *répression*. Une répression qui s'exerce tout autant à l'encontre des professionnels partisans d'une alternative, que contre le public lui-même.

Tout au long de ces pages, j'ai voulu attirer l'attention sur la façon dont les professionnels des médias sont constamment poussés à la compromission (notamment pour cause de diktats de la Monoforme et de l'Horloge Universelle) par les MMAV contemporains, et combien ces derniers défendent une posture anti-démocratique vis-à-vis du public.

Pour toutes ces raisons, il me semble qu'il serait judicieux de déplacer le champ d'application du concept de "professionnalisme" hors des rangs des médias audiovisuels qui reproduisent frileusement l'orthodoxie des formes narratives et des processus en vigueur notamment à travers le traitement du public, vers ceux qui, au contraire, tentent de les analyser et des les remettre en cause.

Pourquoi tant de réactions hostiles à l'idée de révéler les techniques du métier ? Pourquoi les MMAV refusent-ils de développer des relations plus équilibrées de participation avec le public ?

Je soupçonne nombre de professionnels des MMAV de fonder leur raisonnement sur la crainte que se vérifie l'équation suivante : partage du pouvoir avec le public = perte de liberté créatrice = perte de pouvoir personnel. Mais ceci n'est absolument pas une fatalité.

Comme me l'écrivait récemment un réalisateur, le dilemme auquel nous sommes confrontés, c'est que nous ressentons le besoin de rendre nos films *attrayants* pour le public et voulons d'ailleurs qu'il en soit ainsi. Comment atteindre cet objectif, tout en évitant les écueils décrits dans la présente analyse ?

Il faut d'abord évacuer la problématique inhérente à la question elle-même. L'objectif n'est sûrement pas que le public trouve nos films *attrayants*, mais plutôt qu'il les trouve *pertinents*. Pertinents non seulement par leur sujets ou leurs thèmes, mais également par leur *processus*.

Pour que les réalisateurs puissent s'extraire des contraintes étouffantes de la Monoforme et de l'Horloge Universelle, ils doivent être prêts à décloisonner les structures et l'espace tant sur le plan de la *forme* filmique, que sur celui du processus relationnel avec le public et la société civile en général. L'idéal étant bien entendu que la forme ne soit pas dissociée du fond : la création d'espaces pour la réflexion, l'ambiguïté et l'anachronisme qui s'inscrivent dans le processus de réalisation ou de montage, peut déboucher sur un éventail d'expériences incomparablement plus démocratiques et originales pour le public et les mouvements sociaux.

Toutefois, compte tenu de l'intimidation et du chantage exercé par les MMAV sur ceux qui défendent des formes alternatives, il est peu probable qu'une majorité de réalisateurs en activité envisage de suivre ces orientations. C'est précisément une partie du problème. Mais certains réalisateurs vont encore plus loin, en collaborant activement, consciemment ou non, à la marginalisation de leurs collègues qui essaient de changer les choses. Certains tirent peut-être du "pitching" une certaine excitation quand d'autres ressentent ce procédé comme profondément répressif et humiliant. La généralisation de cette pratique à l'échelle de la planète est une bien triste indication du très faible niveau actuel d'analyse collective et de solidarité.

Certains réalisateurs marginalisent leurs collègues en refusant tout simplement la moindre discussion sur la crise des médias ou les problèmes de synergie avec le public et la société civile. Ce refus contribue à bloquer les impulsions lancées par le mouvement social en faveur de changements démocratiques, sans parler des effets secondaires néfastes pour les documentaristes engagés eux aussi, en faveur d'une transformation sociale radicale. Le plus révoltant, c'est que ce phénomène de marginalisation est désormais entièrement accepté par des professionnels pour qui l'ambition, la compétitivité et la satisfaction de l'ego sont des critères suffisants pour réaliser des films documentaires.

A la suite d'un échange de courrier avec un festival international de films documentaires qui s'enorgueillissait d'organiser un important "forum de pitching", j'ai récemment adressé à ses organisateurs une lettre ouverte au sujet de la crise des médias. J'y soulignais l'absence d'échange démocratique et pluraliste dans les relations entretenues par les médias audiovisuels avec leur public, ainsi que la transformation de la production cinématographique en industrie globale au service de la consommation de masse.

Je revenais également sur les éléments les plus manipulateurs et les plus formatés de la structure narrative occidentale utilisés par les MMAV (et de nombreux films documentaires) pour maintenir les spectateurs à leur place, c'est-à-dire vissés à leurs fauteuils, les yeux rivés à leurs écrans bombardés d'images fragmentées en perpétuel mouvement, les oreilles assaillies d'un tir nourri de musique, d'effets sonores et de transitions violentes, les cerveaux lobotomisés par le flux continu de la narration hollywoodienne.

J'ajoutais que "Bien sûr, tous les films documentaires n'utilisent pas une forme hollywoodienne aussi extrême, même si beaucoup d'entre eux n'en sont pas loin... et que pratiquement tous utilisent ce que j'appelle la Monoforme..."

Après un long silence, j'obtins enfin une réponse des organisateurs du festival. Le contenu ressemblait à un compromis hésitant entre des remerciements appuyés pour mes commentaires et des considérations destinées à m'expliquer que je ne comprenais pas grand-chose au sujet que j'avais choisi d'aborder. Parmi les réactions à mes propos qui dénonçaient la commercialisation croissante des festivals de films documentaires, on pouvait notamment lire ceci : "Nous admettons volontiers que nous entrons dans une phase de notre évolution où le festival adopte certaines conventions des pratiques du marketing commercial et développe quelques initiatives - le "forum de pitching" en est l'exemple phare - inspirées par la loi du marché. Mais cet aspect du festival n'existe que pour servir les réalisateurs (et il y en a beaucoup) qui ont délibérément fait le choix d'entrer dans le marché du documentaire, bien souvent pour y gagner leur vie. Nous ne sommes pas à l'origine de cette tendance, nous ne faisons qu'y répondre... (...) Notre crainte, c'est qu'en adoptant une posture radicalement antagoniste envers les puissances de la commercialisation, nous finissions par anéantir notre capacité à toucher un plus large public, ce qui nous rejetterait aux marges d'un paysage culturel extrêmement compétitif. Mieux encore, nous pensons qu'il faut combattre le feu par le feu et utiliser les propres outils du marketing pour amener notre public à une prise de conscience progressive des périls d'une marchandisation de la planète."

Le plus préoccupant dans cette réponse, au-delà même de l'idée qu'il faille " combattre le feu par le feu ", est le fait de réduire toute pensée critique à une simple "posture antagoniste". Faire son chiffre d'affaires sur le dos de valeurs contradictoires ou en manipulant le public, n'est pas ressenti comme une position problématique. Le problème, c'est d'être "critique".

Quant à affirmer que c'est en utilisant les outils du marketing que le public prendra conscience des dangers de la marchandisation, les auteurs de la lettre semblaient eux-mêmes conscients de l'acrobatie intellectuelle d'un tel argument, lorsqu'ils ajoutèrent : "Cela est, sans aucun doute, une contradiction pleine d'ironie. Une contradiction derrière laquelle nous aurions tort de nous réfugier." Et il est vrai qu'ils m'ont effectivement invité à participer au festival pour y présenter mon point de vue. Mais toute cette affaire mérite d'être sérieusement examinée : dans quelle mesure est-il encore possible de soulever des questions critiques dans ce type de festival ? Personnellement, je n'y crois pas. Ces thèmes, et tout débat potentiel, n'y auraient d'autre avenir que de devenir un produit dérivé supplémentaire dans un flot ininterrompu de consommables, rapidement absorbés et finalement oubliés dès la première minute de la prochaine "séance de pitching."

Le rôle des mouvements alter-mondialistes

Le rôle des mouvements alter-mondialistes (MAM) dans la crise des médias est un sujet particulièrement délicat. Je parle ici de la très large coalition d'organisations et de mouvements alternatifs opposés à la globalisation (dans sa vision purement économiste) et à la toute puissance des forces du marché, qui rassemble des mouvements pacifistes et écologistes, ainsi que des groupes développant des moyens d'information critiques et alternatifs sur Internet, tels que *Indymedia, MediaWatch, ZNet*...

Conscient de la grande diversité des opinions, des tactiques et des idéologies au sein des MAM, j'espère très sincèrement que l'on me pardonnera les inévitables généralités qui vont accompagner mes propos.

Tout d'abord, je tiens à réaffirmer ma conviction dans l'importance des manifestations organisées avant et pendant la guerre contre l'Irak (ainsi que celles organisées précédemment contre la globalisation) qui ont été, indéniablement, une grande source d'inspiration pour nous tous. D'autre part, en dépit de motivations parfois obscures et intéressées, l'opposition de certains gouvernements à la décision unilatérale prise par l'administration Bush d'attaquer l'Irak constitue un précédent important. Comme de nombreux commentateurs, je crois qu'un tel niveau d'opposition porte en germe, probablement pour la première fois depuis des décennies, un potentiel de transformation réel à très court terme.

Toutefois, je pense aussi qu'il nous faut examiner le rôle des mouvements alter-mondialistes dans le contexte plus large de la crise des médias que j'évoque ici. Mes préoccupations et mes questionnements peuvent se résumer ainsi : dans quelle mesure les mouvements alter-mondialistes reconnaissent-ils l'ampleur et les conséquences de la crise des médias, et que font-ils pour la combattre ?

Ma réflexion sur ces questions s'est nourrie d'expériences personnelles suffisamment importantes pour que je les évoque. Dans la deuxième partie de mon site Internet, je décris les multiples rejets opposés par le mouvement pacifiste international en 1983, à mes demandes de soutien pour la production de **Le Voyage**, mon film-fleuve pour la paix dans le monde. Bien qu'un petit nombre de groupes pacifistes, notamment suédois et néo-zélandais, aient vigoureusement soutenu la collecte de fonds pour faire ce film, la majorité d'entre eux (en particulier les grandes organisations pacifistes établies aux Etats-Unis et en Europe) refusèrent d'apporter la moindre contribution. Les soutiens vinrent essentiellement de groupes locaux et d'individus concernés aux Etats-Unis, au Royaume-Uni, en Allemagne, au Danemark, en Norvège, au Mexique, en Polynésie, au Mozambique, au Canada et ailleurs. Les deux mouvements pour la paix qui ont effectué le plus gros travail pour lancer et porter **Le Voyage**, furent la **Swedish Peace and Arbitration Society** et la **New Zealand Foundation for Peace Studies**.

Je suis convaincu que la raison pour laquelle tant de mouvements pacifistes européens et nord-américains *ont refusé de soutenir* **Le Voyage** et de le diffuser après sa sortie (alors que dans les 20 dernières années, les mêmes ne se sont pas privés de projeter **La Bombe** pour recruter de nouveaux adhérents) tient au fait qu'il leur a semblé très problématique de collaborer à un film si ouvertement critique envers les mass media.

La responsabilité des MMAV dans la crise mondiale se faisant chaque jour plus évidente, cette période de circonspection est peut-être aujourd'hui plus ou moins révolue. Néanmoins, cela ne nous dispense pas d'un rapide retour en arrière.

En 1965, **La Bombe** critiquait les mass media (surtout la télévision) pour leur silence sur la question de la course aux armements nucléaires, message qui semble avoir été très bien entendu par les mouvements pacifistes de l'époque. Pourtant, au cours des 15 années qui ont suivi, une large frange du mouvement radical s'est progressivement compromise avec le processus médiatique : des mouvements pacifistes se sont mis à utiliser des clips vidéos pour diffuser leurs slogans anti-nucléaires lors de manifestations ou d'entretiens télévisés, des associations écologistes ont commencé à réaliser des publicités racoleuses, bourrées d'effets sonores et visuels, afin de promouvoir leur cause et leur action.

Je soupçonne certaines personnes du mouvement pacifiste de s'être senties mal à l'aise devant le contenu de **Le Voyage**, un film qui attaque de front le processus manipulateur des MMAV. D'autres ont très certainement jugé que son rythme inhabituel et sa durée de 14h30 en faisaient un film ennuyeux et encombrant.

D'où les réactions exprimées par de nombreux mouvements pacifistes, estimant que Le Voyage était "difficile" pour un public profane qui, selon les préceptes des MMAV, a besoin des techniques centralisatrices et expéditives de la Monoforme et de la narration classique pour saisir le message. Tout cela explique sans doute pourquoi **Le Voyage** est, encore aujourd'hui, très peu diffusé par les mouvements alter-mondialistes.

En d'autres termes, je tire de ma propre expérience que certains courants des mouvements alter-mondialistes ont adopté, dans leurs relations audiovisuelles avec le public, les pratiques des MMAV.

Je suis conscient de l'existence d'importants articles critiques, signés par des personnalités du mouvement radical - des auteurs et des journalistes comme Edward W. Said, John Pilger, Arundhati Roy, George Monbiot, David Edwards parmi beaucoup d'autres – et publiés sur Internet ou dans la grande presse progressiste (*The Guardian, Le Monde Diplomatique...*). Plusieurs sites Internet diffusent des documents de valeur qui dénoncent la guerre contre l'Irak et analysent la problématique liée à l'unilatéralisme de la position américaine. On y trouve également des articles critiques sur le rôle des MMAV et des tabloïds, et notamment sur leur attitude belliciste.

En règle générale, il convient toutefois de souligner que, pour ce qui concerne la couverture américaine de la guerre contre l'Irak, ces articles sont presque exclusivement consacrés à l'aspect ouvertement réactionnaire des MMAV : aux partis pris éditoriaux qui excluent les voix et les analyses des opposants à la guerre... C'est assurément un aspect important, mais il est indispensable d'aller encore plus loin et de pointer du doigt les domaines encore ignorés de la plupart des articles et critiques des médias, en particulier l'absence de débat quant au potentiel de participation publique au processus médiatique lui-même.

Ce manque d'intérêt pour le processus participatif se retrouve également au sein d'un certain nombre d'organisations liées aux mouvements alter-mondialistes. Si ces derniers croient en l'efficacité de manifestations publiques d'envergure, ils semblent en revanche réticents à remettre en cause un processus hiérarchique de production qui délivre des messages unidirectionnels à un public passif, tout comme ils semblent réticents à le transformer par l'introduction de méthodes alternatives fondées sur des processus permanents ainsi que sur la critique de certaines pratiques médiatiques. Certains semblent croire, qu'en modifiant les **contenus** et les **personnes** responsables des médias, le problème disparaîtra de lui-même. Les contradictions inhérentes à cette position, nous ramènent hélas au point de départ des relations entre les médias et le public.

La série de questions qui va suivre permettra peut-être de clarifier le débat concernant le rôle des mouvements alter-mondialistes et des médias :

• Pourquoi existe-t-il si peu d'écrits et de débats sur la Monoforme et ses effets, ainsi que sur l'autoritarisme des MMAV dans le processus social ? Pourquoi est-il si difficile de développer l'analyse du rôle joué par les MMAV dans notre perception de l'espace, du temps, du rythme et de l'histoire ?

• Pourquoi débat-on si peu de l'émergence potentielle d'un nouveau rôle pour le public ? Un élément qui pourrait pourtant inverser le rapport de force existant.

• Pourquoi les oeuvres qui évoquent ces questions sont-elles marginalisées par les mouvements pacifistes ? Pourquoi la durée et les processus complexes introduits par les formes audiovisuelles alternatives sont-ils jugés si difficile d'accès?

• Comment les journalistes alternatifs pensent-ils pouvoir résoudre la crise des médias en ne changeant que les contenus et les responsables, sans toucher aux questions de forme, de processus et de relation au public ?

Toutes ces questions méritent d'être envisagées dans une perspective holistique. Car quelle que soit notre coloration politique, ne baignons-nous pas tous dans l'inconscient collectif d'une société globale totalement accoutumée à l'existence d'une relation hiérarchique entre les MMAV et le public.

Pour prendre un exemple récent, examinons la vidéo d'une manifestation anti-mondialiste produite par un collectif américain de réalisateurs militants. Bien que d'un format légèrement moins rigide (la durée moyenne d'une séquence est de 30 secondes contre les 5 secondes habituelles), le film est néanmoins entièrement imprégné de la Monoforme la plus classique, avec son lot habituel de narration, d'illustrations musicales...

Les réalisateurs de ce document spécifique répliqueraient certainement qu'à l'inverse des MMAV traditionnels, leur film donne la parole aux *voix alternatives*. Cela est effectivement vrai, et il ne faut certes pas sous-estimer cette différence. Néanmoins, je crois avoir déjà souligné que l'histoire de la crise des médias découle de cette contradiction : si l'on n'est pas capable de dépasser les questions de contenu pour aborder de front le débat sur *les formes et les processus hiérarchiques que nous reproduisons* pour présenter au public des voix alternatives, en quoi sommes-nous différents des MMAV ?

Il ne s'agit pas, bien entendu, de nier l'existence (surtout sur Internet) de nombreuses critiques radicales des MMAV. Mais comment expliquer la quasi-absence de débat public sur les MMAV ? Et où sont les alternatives qui devraient nous montrer l'exemple d'un média audiovisuel utilisant des formes et des processus démocratiques et pluralistes.

Pour moi, il ne fait aucun doute qu'il existe un lien direct entre le silence public entourant ces questions et l'approche traditionnelle des mouvements alternatifs relativement au langage médiatique. Le recours généralisé des mouvements alter-mondialistes à la Monoforme, leur désintérêt pour des processus et des formes narratives différents ou leur tendance à négliger les idées alternatives et critiques au profit de procédures médiatiques standardisées et hiérarchiques, interdisent toute remise en cause du rapport classique imposé par les MMAV commerciaux sur le public. Le rapport reste identique, quelle que soit la radicalité du message exprimé.

D'une certaine façon, Internet, ce médium qui a pourtant permis de faire largement circuler la pensée critique, est devenu indirectement l'une des causes du problème. De nombreux groupes militants ont concentré toute leur attention et leur énergie vers ce médium, au détriment de la crise dans les médias audiovisuels. De ce fait, le problème des MMAV n'est pas affronté, et ne cesse de s'amplifier.

Le Public : processus et pratiques alternatives

On ne peut prétendre réellement affronter la crise des médias sans se poser la question fondamentale et incontournable du public. Les individus et les groupes d'affinités peuvent et doivent jouer un plus grand rôle dans le choix et la fabrication de ce qu'ils regardent sur les écrans des mass media audiovisuels. Malheureusement, ce principe, et la volonté de l'appliquer, sont absents de nos débats contemporains.

Intégrées dans le processus créatif des mass media audiovisuels, les idées et initiatives du public pourraient pourtant contribuer à défaire les formes et les pratiques hiérarchiques des MMAV.

Voici donc une série de suggestions regroupées par catégories. Il s'agit là non pas de recettes alternatives autonomes, mais d'étapes inscrites dans un même processus progressif de transformation.

<u>Analyse et savoir</u> > Action politique directe > Création de médias alternatifs

Comme je l'ai déjà souligné, les mass media audiovisuels ont systématiquement dissimulé au public toute information d'importance sur les formes et les pratiques médiatiques, ainsi que sur les choix de leurs politiques éditoriales. Les systèmes éducatifs ont également brillé par leur incapacité à offrir aux gens des concepts analytiques, des processus et des pratiques alternatives susceptibles d'initier un mouvement critique ou réformateur.

Or, notre société a un besoin urgent de *groupes et d'associations de médias alternatifs* capables de reconquérir ce champ essentiel d'analyse et de critique.

• Je propose donc que ce chapitre serve d'introduction aux questions qui doivent être analysées si l'on veut pouvoir affronter le sujet des mass media audiovisuels. Par exemple : Que sont la Monoforme et l'Horloge universelle ? Comment sont-elles mises en oeuvre ? Par qui et pourquoi ? Les réponses à ces questions simples pourraient constituer le point de départ d'un projet associatif d'envergure qui déboucherait fatalement sur la découverte et la remise en cause de défis encore plus grands.

Qu'est ce que le montage ? Qu'est ce qui détermine sa spécificité ? Que représentent le temps et la durée en termes médiatiques ? Comment sont-ils liés aux questions de pouvoir, et comment sont-ils employés ?

Qui sont les responsables des unités de programmes et comment sont-ils investis d'autant de pouvoir ? Quelle est leur fonction ? Comment se positionnent-ils dans le processus démocratique ? Quelles décisions sont-ils amenés à prendre et quelle est notre part dans ces décisions ?

Comment la télévision (et notamment les informations télévisées) aborde-t-elle l'histoire et la violence ? Quel type d'éducation aux médias les jeunes reçoivent-ils ou ne reçoivent-ils pas ? Quel est le rôle des festivals de films et des séances de "pitching" ? Comment Hollywood soutient-il le rôle de l'armée et les politiques interventionnistes dans notre société ? Qu'est-ce que la théorie du garde-barrière ? (cf. Annexe 1)

Toutes ces questions, et bien d'autres encore, concernant le système des mass media audiovisuels et *plus directement* le rôle du public dans ce processus social, doivent être soulevées, analysées et débattues.

J'invite tous les collectifs qui entreprennent une telle analyse à impliquer les enseignants des médias et les réalisateurs, non comme mentors, mais comme *compagnons de route* dans cette quête pour le changement. Il est d'ailleurs fort possible que les réalisateurs et les enseignants voient leur position et leur autorité remises en cause par un processus qui implique nécessairement la définition de *nouveaux types de relations*.

• En menant cette analyse avec l'appui des écoles secondaires et des universités, les collectifs contribueront à attirer l'attention sur la nécessité de réformes au sein du système éducatif.

• Ce type d'analyse peut se transformer en projet créatif. Au cours des années 1970 jusqu'au début des années 1990, j'ai visité des écoles et des universités pour travailler sur quelques-uns des thèmes et des sujets évoqués ci-dessus. Parmi les projets les plus spécifiques et en tant qu'enseignant, j'ai extrait différents niveaux de cours d'un **Programme d'analyse des informations télévisées** à l'Université de Columbia (New York), à l'Université de Monash (Melbourne en Australie), dans des écoles d'Auckland (Nouvelle-Zélande), au Red Cross Folk High School en Suède, à l'Institute of Mass Communications de l'Université d'Oslo en Norvège ou encore à l'Université de Queens à Kingston au Canada.

Ce qui suit est une brève présentation de ce projet, qui peut évidemment être adapté pour prendre des formes très variées. Tel qu'il est présenté ici, et dans le but de fonctionner de manière optimale, ce projet est conçu pour une douzaine de participants. Il est structuré en 3 parties :

Partie A: Les participants se divisent en groupes de 3 ou 4 personnes. Chaque groupe analyse un sujet différent tiré d'un même journal télévisé récent ou de journaux différents diffusés le même jour. L'analyse porte sur plusieurs niveaux :

• Faire le découpage du sujet pour en isoler les éléments de base ; produire un tableau récapitulant visuellement tous les aspects de la Monoforme : chaque coupure, zoom, panoramique, cadrage, relevé de dialogue, effets sonores ou visuels ; examiner la juxtaposition de ces éléments et les effets qu'ils produisent les uns sur les autres ; Entreprendre sa propre recherche sur le sujet afin de comparer les " faits " découverts et les "faits" présentés.
• Projeter le sujet et en débattre avec les spectateurs.
• Contacter les témoins, personnes interviewées ou groupes concernés, afin de comparer le sujet diffusé et les événements réels ainsi que les déclarations intégrales.
• Présenter les conclusions de cette analyse aux professionnels des médias (journalistes, monteurs, producteur principal) responsables de la réalisation et de la production de ce sujet. Ainsi, la Partie A permet-elle aux participants de parcourir toutes les étapes de la procédure médiatique classique, tout en leur apportant, notamment lors des tentatives de prises de contact avec les professionnels en question, quelques éclaircissements sur les notions d'accessibilité et de responsabilité.

Partie B : Chaque groupe présente aux autres ses analyses et conclusions, en détaillant notamment les éventuelles contradictions, "faits" douteux, déformations, incidences de la forme narrative... ainsi que les résistances rencontrées auprès des professionnels de la télévision. Chaque présentation est suivie d'une discussion. Parmi les éléments-clés susceptibles d'être évoqués, on distingue notamment : 1/ La centralisation du pouvoir; 2/ La remise en cause des mythes de "l'objectivité" et du "professionnalisme"; 3/ La manipulation par la Monoforme; 4/ Les relations hiérarchiques entre les médias et le public.

Partie C : (optionnelle mais recommandée). Cette étape implique un travail pratique avec du matériel film ou vidéo. Une version accessible de ce projet peut être réalisée en utilisant quelques caméras vidéos ordinaires ; l'accès à un matériel de montage est souhaitable mais non indispensable. En tenant compte des enseignements tirés des Parties A et B (notamment la question de la relation hiérarchique entre les médias et les spectateurs), les participants utilisent comme *outils de communication* l'équipement mis à leur disposition pour donner leur version des thèmes traités dans les sujets diffusés aux informations télévisées. Ceci implique que les participants découvrent *leur propre alternative* à la Monoforme et d'autres façons de filmer les interviews. La recherche de formes alternatives et moins hiérarchiques nécessitera au préalable un ré-examen de la télévision traditionnelle, de son rapport au **temps**, à l'**espace** et au **rythme**, et de son **processus** de manipulation, tant sur le plan des personnes interviewées que des spectateurs. Tout cela constitue un exercice très complet d'enseignement des médias, combinant le sens critique, l'analyse et le travail pratique. Grâce à l'interaction entre les groupes et les personnes interviewées et grâce aux débats suscités dans la partie A, les participants devraient pouvoir plus facilement trouver leur propre mode d'utilisation du support audiovisuel. Par le recours à un matériel de montage, les participants pourront essayer d'éviter les dangers de la Monoforme en développant des techniques de montage moins brutales et moins rigides.

Étalé de préférence sur une période de plusieurs mois, ce type d'atelier peut représenter un processus d'apprentissage collectif très dynamique, aux prolongements nombreux et variés.

• Les recherches sur les pratiques et les effets des MMAV peuvent déboucher, par exemple, sur **des expositions et des débats publics**.

En 1979, nous avons créé, avec quelques amis australiens, un collectif d'analyse des médias intitulé **La Commission du Peuple** (*The People's Commission*). Nous avons mis sur pied des groupes chargés d'examiner le rôle de la radio, de la télévision et de la presse dans la région de Sydney. En nous inspirant des méthodes développées auparavant par le programme d'analyse des informations télévisées, nous avons entrepris une investigation très détaillée, dont les principales conclusions furent exposées dans les mairies de Paddington et de Sydney. L'exposition comprenait de nombreux panneaux et graphiques décrivant la structure de la Monoforme, illustrant la répartition du temps télévisuel accordé aux questions sociales et aux programmes de divertissements... L'événement fut marqué par une très large fréquentation et de nombreux débats animés.

D'autres expositions publiques de travaux d'étudiants furent également organisées à Sydney, Stockholm et Auckland.

Analyse et savoir > Action politique directe > Création de médias alternatifs

Ces projets, expositions et débats publics, pourraient même inciter des collectifs à s'impliquer dans des chantiers beaucoup plus ambitieux dans une optique de confrontation à la crise actuelle. Par exemple :

• Des collectifs locaux pourraient créer un groupe de pression auprès des autorités régionales ou municipales en faveur d'une réforme du système éducatif qui prendrait en compte les thèmes traités ici, notamment la mise en place d'un dispositif intégré d'enseignement des médias qui soit *réellement critique*.

• Des collectifs locaux pourraient exiger des chaînes régionales de télévision qu'elles commencent à partager le pouvoir et le processus décisionnel, en offrant notamment une place au débat sur la crise des médias, ce qui ouvrirait la voie à un processus de démocratisation. La même exigence pourrait également s'appliquer aux festivals de films. Et la question centrale pourrait être : "Où est le débat public ?"

• La proposition suivante peut paraître trop abstraite ou trop compliquée, mais seules des *réformes constitutionnelles* pourront garantir les droits d'accès de chaque citoyen à des médias alternatifs non-violents, non-hiérarchiques, et un enseignement critique des médias à tous les niveaux du système éducatif. (cf. Annexe 11 – *Réforme constitutionnelle*)

Analyse et savoir > Action politique directe > Création de médias alternatifs

Dans le contexte de crise actuel, il est important que les groupes locaux abordent les MMAV en partant du principe que leur développement ne doit pas être le domaine exclusif des "professionnels."

Il est donc indispensable de multiplier les occasions pour le public - les groupes locaux - de créer leurs propres formes de médias audiovisuels, qui deviendront autant de processus pédagogiques et culturels autonomes. Par autonome, j'entends non pas ce qui est simplement transmis par des professionnels à l'intention d'un public au quotient intellectuel prédéterminé, mais le large éventail de sujets, de préoccupations et d'intérêts qui peuvent enrichir la dynamique sociale, culturelle, littéraire... Cela peut aussi prendre la forme d'un journal local d'informations télévisées qui présenterait une analyse critique des nouvelles diffusées sur les grandes chaînes avant de passer à des informations indépendantes et alternatives. Ces projets alternatifs doivent explorer le vaste panorama de formes linguistiques qu'offrent les médias audiovisuels et s'émanciper totalement des contraintes imposées par la Monoforme et l'Horloge Universelle. Le potentiel humain est suffisamment grand pour que nous nous sentions capable de relever ce défi, et bien d'autres encore ! La disponibilité d'un matériel vidéo numérique de plus en plus compact et bon marché ainsi que la technologie DVD appliquée aux projections ouvrent des horizons immenses pour démocratiser le processus de distribution.

Commençons par des idées toutes simples qui peuvent servir de base à un projet vidéo local qui soit à la fois créatif et pédagogique :

• Des résultats étonnants peuvent être obtenus en donnant aux gens comme consigne de départ de mener des **interviews** à partir de nouvelles méthodes alternatives. En adoptant une posture critique, cet exercice d'apparence "simple" peut révéler les nombreuses procédures anti-démocratiques utilisées (consciemment ou non) par les MMAV. Pour autant qu'elle parvienne à se détacher de la Monoforme, cette initiation permet d'expérimenter un grand nombre de modes alternatifs pour présenter des informations sur un support film ou vidéo. Afin d'illustrer les différences entre le potentiel démocratique du média et le détournement hiérarchique qui en est fait par les formes et processus dominants, on peut comparer deux sujets réalisés par des groupes fonctionnant à partir de consignes opposées : l'un s'inspirant des techniques de la Monoforme, l'autre s'en écartant.

Un autre aspect positif de ce processus est de permettre au "sujet" de participer directement à la réalisation et à la mise en forme de sa propre interview, puis au débat qui pourrait en résulter. Cet exercice soulève d'importantes questions en ce qui concerne l'utilisation (et le détournement) du **temps** et de l'**histoire** par les MMAV.

• Comment un groupe qui le souhaite peut-il mener cette expérience encore plus loin ? Comment utiliser des méthodes de réalisation alternatives pour refléter, par exemple, les préoccupations d'un groupe de sans-papiers économiquement et politiquement marginalisés ou celles d'un individu luttant localement pour la défense de l'environnement.

J'insiste, encore une fois, sur le fait qu'il appartient au groupe lui-même de définir ce à quoi doit ressembler son projet alternatif, en souhaitant que l'objectif final ne soit pas de "ressembler à ce que l'on voit à la télé" ! Bien des projets de création de groupes locaux de réalisation vidéo ont été paralysés par l'idée qu'il leur fallait ressembler à la télévision (la Monoforme) pour être acceptés du public. On ne peut qu'espérer que de telles expériences et autres projets de recherches futurs finiront par reléguer la Monoforme et ses produits dérivés au rayon des produits toxiques à manier avec précaution !

Mais concrètement, comment réussir à mener à bien ces projets alternatifs ?

Deux options sont ouvertes pour le groupe local qui a décidé d'un projet vidéo : 1) le réaliser de manière totalement indépendante, sans aucune contribution professionnelle ; 2) le réaliser en coopération avec un cinéaste ou un vidéaste local.

Dans le droit fil de mon idée d'impliquer les réalisateurs dans ce processus de transformation, je proposerai quelques principes généraux qui s'appliqueront à la deuxième option :

• Le réalisateur doit travailler sur un plan d'égalité avec le groupe local et non comme un "expert" indiquant aux "profanes" la marche à suivre. Le cinéaste doit être prêt à assumer le choix d'un film **collectif**, réalisé **avec** des sujets et des personnes et non **sur** ces derniers. C'est là précisément l'une des différences majeures.

• Non seulement le cinéaste doit être prêt à consacrer beaucoup de temps, aussi bien avec les porteurs du projet qu'avec les sujets du film, mais il lui faut également être capable de partager avec eux les prises de décision sur les orientations principales du film et les méthodes employées pour le réaliser (bien trop souvent, ce sont les réalisateurs qui impriment leur point de vue au film, avant de l'imposer aux sujets eux-mêmes). Le groupe doit donc préalablement s'assurer que le réalisateur est ouvert à ce genre de collaboration.

• Tous les acteurs - réalisateur(s), groupe local, sujet(s) - doivent être prêt, si ce n'est déjà fait, à débattre des divers aspects de la crise des médias afin d'établir collectivement *leur position* vis-à-vis de la Monoforme, de la standardisation temporelle (Horloge Universelle)... Ils devront ensuite décider de quelle façon leur film pourra exprimer un *rapport différent au temps, à l'espace et au rythme*, tout en incorporant les éventuelles options alternatives que les sujets eux-mêmes pourraient proposer sur les questions de forme et de processus.

Cette étape de dialogue est importante car il arrive fréquemment que les attentes d'un sujet, trop habitué aux productions télévisuelles classiques soient déçues par les projets alternatifs de réalisation collective. En d'autres termes, une vision collective du sens donné à ce projet alternatif est un préalable indispensable dans tout véritable processus de changement.

• La documentation et les recherches doivent être entreprises par l'ensemble des acteurs, y compris le(s) sujet(s). Ceci constitue une excellente manière d'étoffer et de décentraliser l'information contenue dans le film. Encore une fois, il est important de déterminer si les idées développées en termes de forme et de processus trouvent leur origine dans la nature du thème choisi, dans le caractère ou la personnalité du groupe ou de l'individu concerné, ou dans les informations mises à jour durant le travail collectif de recherche.

Au cours du tournage, il importe de ne ménager aucun effort pour gommer les frontières entre ceux qui réalisent le film et ceux qui y apparaissent. Compte tenu des conventions hiérarchiques qui pèsent lourdement sur les pratiques de réalisation classiques, et sur les relations traditionnelles entre les producteurs du média et le public, cette synergie est moins facile à atteindre qu'il n'y paraît. C'est néanmoins parfaitement possible, pour autant qu'on se donne ou qu'on invente les moyens pour y parvenir.

• De même, la phase de montage doit essayer de tenir compte des sentiments et des opinions de tous les acteurs du film, en particulier du ou des sujets concernés. C'est une tâche d'autant plus difficile que, sans une gestion appropriée, la multiplicité des avis contradictoires susceptibles d'entourer les décisions de montage risque de déboucher sur le chaos plutôt que sur le consensus. Il n'est pas inutile à ce stade, de rediscuter du fonctionnement et des effets de la Monoforme, afin de démontrer comment elle peut entraver ou transformer la perception qu'a le public des paroles et des événements d'un film. Cette illustration peut être poursuivie par des exemples de *montage différents*, reposant sur une psychologie et des formes narratives plus ouvertes.

• Le film doit être vu par un maximum de participants avant la phase de montage final. Il faut être *particulièrement attentif* aux commentaires de ceux qui apparaissent dans le film. En effet, ces derniers peuvent défendre des versions complètement différentes de leurs contributions, et critiquer la façon dont leurs interventions sont réduites, prises hors de leur contexte, ou juxtaposées avec d'autres séquences.

• Le film bénéficiera de projections destinées à un public plus large, suivies de discussions critiques. Ces débats sont essentiels (et nécessitent beaucoup plus de temps que les 20 minutes généralement prévues), car ils constituent l'outil d'appropriation permettant au public d'envisager ces films comme des alternatives valables et nécessaires au menu télévisuel standard.

• Les supports VHS et DVD rendront le film accessible pour des projections locales qui constitueront autant d'étapes du **processus** de transformation et de développement.

• Si telle est sa stratégie, le groupe local doit être prêt à assumer collectivement la charge du combat pour l'accès à une diffusion télévisée. Bien que l'objectif premier de la réalisation d'un tel film ne puisse se limiter à sa diffusion télévisée, le démarchage des télévisions locales et nationales peut représenter un processus éducatif enrichissant pour les groupes locaux. Il est toutefois raisonnable d'envisager que l'audience d'un tel projet risque de se compter en centaines plutôt qu'en millions de spectateurs. Une expérience significative et constructive à quelques-uns est, de toute façon, éminemment préférable à une relation subie et manipulatrice visant des milliers. C'est d'ailleurs là aussi un aspect fondamental du processus de transformation des relations entre les médias et le public.

• Discutez avec le public (les communautés locales) de la nécessité de transformer les médias en un outil participatif, local et constructif. L'histoire de la série **Challenge for Change** (*Société Nouvelle*) produite dans les années 1960 par l'Office National du Film canadien constitue une excellente illustration. À l'occasion d'un travail avec une communauté de pêcheurs de la côte Est, il est apparu que les bateaux de pêche utilisés étaient inadaptés aux conditions maritimes locales. Les idées échangées au cours de la réalisation et exprimées lors des projections dans les villages environnants, créèrent une telle catharsis que les pêcheurs de la région formèrent un collectif qui solutionna le problème en inventant un nouveau type de bateau.

"Et vous, Peter Watkins, qu'avez-vous réalisé à travers **vos** oeuvres ?"

Si j'entreprenais de faire le détail de toutes mes tentatives pour créer des projets de médias alternatifs, je risquerais de donner l'impression qu'être alternatif c'est mettre ses pieds dans les traces "d'une réalisation à la Peter Watkins." Or, rien n'est moins vrai. Les principes qui sous-tendent mes propres projets doivent beaucoup au travail de Bertolt Brecht (parmi d'autres), et mes méthodes s'inspirent des oeuvres des cinéastes néo-réalistes italiens et de certains films qui m'ont tout particulièrement marqué (**Les quatre cents coups** de François Truffaut par exemple). Nombre de pratiques spécifiques ont enrichi mon parcours personnel qui me distinguent assez nettement, sur un certain nombre de plans, des artistes mentionnés ci-dessus. L'élaboration de mes propres principes et concepts a élargi ce processus en y intégrant des innovations supplémentaires. Mais ces mêmes principes auraient pu me mener vers le développement de méthodes totalement différentes. Il se trouve que j'ai choisi de faire évoluer les normes de la "reconstruction documentaire." A partir de principes identiques de participation du public et de réalisation introspective, un autre réalisateur aurait très bien pu développer un style et un processus différents. (L'annexe 10 - *Scott MacDonald et le cinéma alternatif américain* - regorge d'exemples de réalisateurs qui partagent nombre de ces principes et de ces préoccupations concernant la dynamique participative, mais qui ont choisi des routes cinématographiques balisées par des procédés et des processus très différents.)

La référence à mes propres films ne sert qu'à identifier une voie expérimentale qui, bien qu'empruntant des formes filmiques et narratives entièrement différentes, tente de nous rapprocher du même objectif : la participation du public à la création des médias audiovisuels, qu'ils soient locaux ou de masse.

Un autre piège se cache derrière la question "Qu'avez-vous réalisé à travers **vos** oeuvres" : autrement dit, le sous-entendu que je serais parvenu à créer une forme de cinéma authentiquement pluraliste. Ce n'est pas le cas. Cependant, plutôt que le mépris et la marginalisation, j'aurais apprécié qu'on me reconnaisse au moins le mérite d'avoir consacré toutes ces années à tenter d'atteindre ce but.

L'annexe 12 (*La Commune (Paris, 1871), problèmes et satisfactions*), écrite environ un an après la réalisation de **La Commune** en 1999 est un bon résumé du bilan que j'essaye de tirer des aspects négatifs et positifs de ce film. On pourra y trouver la description de quelques-unes de mes méthodes de travail pour impliquer les "acteurs" (le public) dans leurs propres recherches historiques - et qui constitua les fondements mêmes du processus filmique - mais aussi l'évocation des nombreuses difficultés auto-infligées sur l'autel des principes défendus. Toutes ces particularités font de **La Commune**, non pas un modèle à suivre sur le chemin de l'expérimentation, mais une illustration de l'ampleur des problèmes qui attendent tous ceux qui ont la volonté d'emprunter une voie nouvelle.

L'annexe 13 (*Rebond pour la Commune*) décrit brièvement le parcours du collectif, créé à l'issue du tournage de **La Commune**, avec la double ambition de soutenir la diffusion du film dans le contexte de censure déguisée exercé par *Arte*, et de poursuivre le processus participatif initié lors du tournage. **Rebond pour la Commune** est un exemple concret des possibilités de prolonger le processus engagé par les dispositifs alternatifs de réalisation audiovisuels, bien au-delà du tournage et de la projection du film lui-même.

Voici, pour résumer, quelques critères élémentaires qu'il faut garder à l'esprit dans tout projet qui ambitionne de fonder de nouvelles relations entre les médias et le public :

• La *communication* est un processus interactif de partage et de dialogue. Cette définition devrait pouvoir s'appliquer au processus que l'on nomme "communication de masse."

• Le *sens* de ce que l'on peut appréhender à l'écran est déterminé par les formes narratives et filmiques employées.

• Le temps, l'espace, le rythme et le processus jouent un rôle fondamental pour inscrire le document audiovisuel dans un rapport hiérarchique ou démocratique avec son public.

• Ni les cadres dirigeants de la télévision et du cinéma, ni les réalisateurs et producteurs qui alimentent les MMAV, n'ont été élus à leurs postes.

• Le concept d'*objectivité*, et toute prétention s'y rapportant, sont des mythes infondés des mass media audiovisuels. Nos efforts ne peuvent tendre que vers le développement d'une subjectivité responsable.

• La violence des médias n'existe pas seulement dans les images diffusées à l'écran, mais imprègne aussi le processus de montage, la (mauvaise) mise en scène de l'espace, du temps, du rythme, du son...

• L'histoire constitue notre force vitale. C'est ce que nous choisissons d'appeler le "passé", le "présent", et "l'avenir". Notre perception de ces dimensions, dans leur interaction avec l'histoire de l'humanité, dépend aujourd'hui presque entièrement des interprétations données par les MMAV.

• L'éthique, la morale et la spiritualité sont des éléments-clés de notre développement et de notre bien-être ; ils doivent donc trouver leur place dans le processus des MMAV.

• Les réalisateurs devraient être libres de refuser les contraintes et les systèmes imposés par les MMAV, et jouir du droit de mettre en oeuvre des pratiques alternatives sans être censurés ni marginalisés.

• Les éducateurs devraient jouir du droit d'enseigner les médias avec une approche critique et alternative sans craindre les entraves ou la mise à l'écart.

• Tout homme, femme et enfant devrait pouvoir jouir d'un droit fondamental d'accès à des formes alternatives, non-violentes, non-commerciales et non-hiérarchiques, dans le champ des médias audiovisuels locaux ou de masse. Ce droit inclut celui de participer à leur création. (cf. Annexe 11 – *Réforme constitutionnelle*)

Conclusion

Avant toute chose, je tiens à souligner qu'il ne faut pas voir dans mes propos une attaque contre les médias en tant que tels. Ce serait là un exercice aussi inutile qu'injustifié. C'est le rôle actuel des médias, et particulièrement des mass media audiovisuels, qui est ici en question.

De nombreux articles et éditoriaux publiés dans la presse de qualité nous avertissent des périls qui menacent notre société et la planète tout entière. Des articles non seulement critiques, mais qui proposent souvent des mesures alternatives qu'il nous faudrait prendre de toute urgence.

Pourtant, cette même presse affiche un réel manque d'enthousiasme lorsqu'il s'agit de contester ou d'analyser le rôle des médias. Des journaux qui, même pour les plus critiques d'entre eux, sont très réticents à remettre globalement en cause le rôle des mass media dans la société contemporaine. Les articles consacrés à l'hégémonisme médiatique de Rupert Murdoch (et des autres magnats), à la couverture par *CNN* de la guerre contre l'Irak, entre autres, sont indispensables mais insuffisants. Ils ne proposent qu'une vision parcellaire et insuffisante pour décortiquer l'ampleur du rôle des médias dans le monde.

Si nous voulons réellement prendre au sérieux les avertissements qui nous sont lancés au sujet de l'environnement global, de l'écart croissant entre les riches et les pauvres, de la nouvelle course aux armements (avec le développement par le Pentagone d'une génération d'armes inédites, comme les énormes drones hypersoniques et les bombes lâchées depuis l'espace pour permettre aux Etats-Unis de foudroyer leurs ennemis sans quitter leur propre territoire), il nous faut repenser *simultanément* notre utilisation des médias en général et de la télévision, du cinéma commercial et de la radio en particulier.

Tous les défis auxquels notre monde est confronté sont directement liés à notre capacité de réaction, et donc à l'effet qu'ont les MMAV sur notre volonté et notre *aptitude à nous impliquer, à identifier les dangers prioritaires et à les combattre*. Quant aux effets eux-mêmes, nul ne devrait plus pouvoir feindre d'ignorer la portée globale des répercussions sans cesse renouvelées de la crise des médias, ni l'ampleur des désastres qu'elle occasionne.

L'objectif principal de ce texte est de proposer une série de mesures susceptibles de nous permettre de dépasser notre paralysie actuelle face aux MMAV. Ces propositions ne visent pas à restreindre l'utilisation des MMAV actuels ou l'accès aux "oeuvres" de ses innombrables professionnels. Elles s'inspirent plutôt de la conviction que seule l'émergence de nouvelles formes d'analyse critique et de processus médiatique (formes plus participatives) permettra au public de se rallier aux *expériences audiovisuelles alternatives* qui lui seront offertes.

Ces propositions partent du principe que les mass media audiovisuels sont autre chose que des sources de distraction et de plaisir intellectuel, de simples outils neutres et divertissants, voire quelquefois éducatifs et informatifs. C'est la face cachée des médias qui nous intéresse ici.

Car derrière leurs aspects instructifs et divertissants, les programmes des mass media audiovisuels (désormais largement relayés par Internet) sont également responsables d'une modification de notre relation à l'histoire, au temps, à la tolérance, à la souffrance, à la compassion, au sentiment collectif, dont on ne mesure ni l'ampleur, ni les conséquences.

Ma critique de la Monoforme vise le cœur du processus autoritaire que les MMAV du monde entier imposent à l'ensemble de la société. Un aspect central, voire l'objectif premier de cette forme narrative, c'est le refus du dialogue et de tout espace de réflexion. Un membre de ma famille française me disait récemment : "Tout se passe si rapidement, les gens réagissent si vite aujourd'hui qu'ils n'ont plus la capacité de réagir correctement aux sollicitations."

Selon un sondage récent effectué aux Etats-Unis, 56 % des Américains sont prêts à *entrer en guerre contre l'Iran*, mais ils ne sont plus que 53 % à soutenir la façon dont le Président George W. Bush a géré la guerre en Irak.

Ce genre de contradictions ne constitue qu'un des nombreux symptômes de la désintégration du processus social sous la pression d'un tourbillon de "choix" instantanés, irréfléchis, médiatisés, et superficiels (mais dont l'impact est gigantesque) opérés tant par le public que par un grand nombre de ses leaders.

Le seul fait que nous puissions simplement concevoir l'option d'une guerre contre l'Iran, sans parler du fait de se lancer dans une nouvelle et incroyablement coûteuse phase de la course aux armements nucléaires (alors même que le fossé entre les nantis et les "sans" continue de s'accentuer dans plus de 50 pays) en dit très long sur l'impact des MMAV actuels. Nous sommes désormais capables de nous émouvoir devant d'horribles traumatismes, et d'oublier quasi-instantanément jusqu'à leur existence même.

En Ouganda, sur les 1,5 millions de personnes infectées par le virus du VIH/SIDA, seules 4 500 disposent des ressources suffisantes pour se payer le traitement anti-rétroviral qui coûte 30 à 300 dollars par mois (selon le type de médicament utilisé). Dans le même temps, l'attaque et l'occupation de l'Irak auront coûté, d'ici fin 2004, près de 100 milliards de dollars. Pendant que "la télé réalité" nous permet d'échapper à cette réalité-là, le revenu *annuel* moyen en Ouganda (qui n'est pas le pays le plus pauvre d'Afrique) atteint péniblement 300 dollars...

J'ose espérer que de plus en plus de gens prennent conscience du fait que les MMAV traitent notre société contemporaine sans compassion ni équité. Leur position devient au contraire chaque jour plus capitaliste, militariste, consumériste, et répressive à l'encontre de toute forme de contestation et de pensée critique.

Malheureusement (cf. le chapitre sur *Le rôle des mouvements alter-mondialistes*), certains militants, et même des individus à priori conscients du péril médiatique, restent persuadés qu'il suffit de changer le message et les gens qui les diffusent pour régler le problème.

L'histoire nous démontre que cette panacée ne conduit qu'à remplacer une équipe dirigeante des médias par une autre, sans modifier les formes et les processus autoritaires, sans toucher aux mythes de "l'expertise professionnelle" et de la "demande du public" ; en d'autres termes, sans même écorner les concepts fondateurs responsables de la crise actuelle.

Il est vrai qu'on assiste au développement de certains courants, notamment sur Internet (*Indymedia* par exemple), qui explorent des voies alternatives en proposant un mode d'accès et de production décentralisé des informations. Encore une fois, ce sont là des avancées importantes, mais dont on ne saurait se contenter.

Nous ne sortirons véritablement de ce bourbier que si la société globale permet (que ce soit le produit d'une réforme législative ou d'une concession devant la mobilisation des acteurs sociaux) l'émergence de processus médiatiques authentiquement alternatifs, directement issus de la participation du public et d'un système éducatif réellement critique.

Tant que nous ne serons pas convaincus du lien de causalité entre le syndrome du divertissement (anesthésie + aliénation) des MMAV et ce bourbier généralisé, nous y resterons enlisés ou pire, nous nous enfoncerons davantage.

Mon analyse ne découle pas d'une posture *anti-cinéma, anti-artistique, anti-intellectuelle,* ni même *anti-Hollywood* (j'ai moi-même particulièrement aimé de nombreux films hollywoodiens). Elle est fondée sur l'idée que la responsabilité attachée à la production et à la diffusion des MMAV a changé et transcendé son rôle antérieur. Je pense que la quasi-totalité des actes audiovisuels, qu'ils soient créatifs ou réceptifs, sont désormais liés d'une façon ou d'une autre à la crise globale des médias.

Il n'est plus possible de faire le tri entre des films artistiques, esthétiques, agréables et ceux que nous considérons comme des navets, si nous refusons d'admettre que l'essentiel du cinéma contemporain - qu'il s'agisse de films de fiction, de documentaires ou de programmes télévisés (sans oublier les informations du soir) - est formaté à l'identique et à destination d'un public de masse. Cette standardisation repose sur un noyau incompressible d'éléments communs : la structure Monoforme et la relation hiérarchique entretenue avec le public.

À de très rares exceptions près, lorsque nous regardons un film, ou même quelques extraits d'un programme télévisé, nous participons de plein gré à un processus récurrent de manipulation, que celle-ci soit intentionnelle ou pas de la part du réalisateur/producteur. D'une façon générale, le niveau d'impact des MMAV dépasse très largement les degrés de manipulation que l'on peut attribuer à tout autre forme d'art ou de communication.

Ce qui rend ce problème souterrain et si difficile à quantifier, c'est que le langage quotidien des mass media audiovisuels (zooms, montage des dialogues, brusques coupures sonores, travellings) est devenu à ce point standardisé et répétitif que le contenu n'a plus aucun sens. Pour les scènes de violence, on use et on abuse du pouvoir manipulateur des effets de choc obtenus par les zooms et les techniques de montage rapide. Qui peut prétendre (après plus de deux décennies de violence et de sang sur les écrans des MMAV) savoir de quelle manière ces mêmes techniques affectent notre inconscient, même lorsqu'elles sont appliquées à un film à priori calme, non-violent et censé faire appel à notre sens esthétique ?

La structure narrative dominante, avec son déroulement prédéterminé, monolinéaire et répétitif et sa "fin" télécommandée, doit être appréciée pour ce qu'elle est : un processus hautement autoritaire qui s'immisce dans tous les interstices de notre société. D'autant que les MMAV se chargent de supprimer tout espace ou/et processus qui pourraient permettre au public d'engager le dialogue ou de réfléchir à ce qu'ils ont vu ou entendu.

Face à mes préoccupations, certains sceptiques se demandent peut-être : "S'il est effectivement impossible de savoir comment nous réagissons à tout ça, pourquoi insinuer que le résultat est négatif ?" À ceux-là je réponds : "Ne pourrions-nous pas au moins analyser les incidences possibles pour en discuter, surtout dans le contexte de l'impact global des médias actuels ? S'il n'existe aucun effet négatif ou secondaire, pourquoi les MMAV et la plupart des systèmes éducatifs refusent-ils de débattre publiquement de cette question?" Et si cette réponse ne suffit pas à convaincre, espérons que les innombrables aspects répressifs et autoritaires des MMAV contemporains parviendront à persuader qu'il y a vraiment quelque chose de pourri au royaume des médias.

Il existe bien sûr des réalisateurs, des chercheurs, des journalistes, et même des organisateurs de festivals qui, à leur manière, travaillent sur les thèmes développés ici. Comme moi, la plupart d'entre eux demeurent très isolés. Il est donc urgent de construire un réseau de communication et de solidarité qui relie les personnes partageant des préoccupations et expériences similaires, capable de dynamiser l'indispensable combat contre les structures autoritaires et l'hégémonie des MMAV, et d'inscrire cette lutte dans un mouvement plus large pour un changement global.

À ce sujet, j'ai récemment été le témoin à Paris d'un phénomène plutôt encourageant. En France, acteurs, musiciens, danseurs, techniciens et organisateurs de spectacles (l'ensemble des *intermittents du spectacle*) qui percevaient jusqu'à présent des allocations financières couvrant une partie de leur période de chômage, sont désormais menacés par de graves réductions budgétaires. Des restrictions qui s'inscrivent dans le cadre d'une vaste offensive lancée par l'actuel gouvernement de droite contre les acquis sociaux et les dépenses publiques dans le domaine de la culture, de l'éducation et de la recherche.

Grâce au soutien autorisé par le statut d'*intermittent*, les bénéficiaires jouissaient jusque-là d'une sécurité économique suffisante pour leur permettre de participer à des activités culturelles spontanées et non rémunérées. Pour bon nombre d'entre eux, ces réductions sonnent le glas de ce type d'activités et conduiront inévitablement à un assèchement de la vie culturelle française. Confrontée au développement d'une crise globale, et à des structures Monoformes qui inondent tous les aspects de sa culture médiatique, les dirigeants de ce pays ne pouvaient prendre de mesures plus suicidaires.

Le gouvernement français serait-il en train de se rendre compte de la nécessité d'un secteur médiatique rigidement contrôlé ? La télévision française était pourtant déjà sur le chemin d'un conformisme absolu. Les politiques semblent toutefois désormais convaincus qu'il faut également faire rentrer dans le rang les artistes et travailleurs culturels indépendants.

L'attitude adoptée récemment par *France 2*, une chaîne de télévision publique française, fut révélatrice. *France 2* diffusait un opéra en direct d'un grand festival culturel français, l'un des rares qui n'avaient pas été annulés à la suite des grèves organisées par les intermittents. Au début de la retransmission, un groupe d'intermittents monta sur scène pour lire une déclaration contre l'action du gouvernement. Certains des spectateurs se mirent à huer les perturbateurs.

Sur *France 2*, l'écran devint subitement tout bleu, avant que n'apparaisse un texte de soutien à la politique gouvernementale vantant les bénéfices des mesures envisagées.

Informés de la manoeuvre de *France 2*, les *intermittents* qui travaillaient sur ce spectacle en tant que techniciens décidèrent, en signe de protestation, non seulement de supprimer les effets d'éclairage prévus dans la deuxième moitié de l'opéra, mais également d'allumer toutes les lumières du bâtiment. Alertée par une fuite juste avant le début de la deuxième partie, *France 2* substitua à la retransmission en direct la diffusion de l'enregistrement d'une répétition, et continua ainsi jusqu'à la fin du spectacle, comme si de rien n'était. Les téléspectateurs ne furent jamais informés de cette supercherie.

Mais le plus important, c'est que les intermittents, conscients des enjeux et des dangers qui pèsent sur leur avenir, ont initié un processus soutenu de contestation et de lutte pour leurs droits. Depuis plusieurs mois maintenant, de grosses mobilisations et de nombreuses actions contre la politique gouvernementale sont organisées à travers toute la France.

J'ai eu la chance de pouvoir visiter un grand centre culturel de la rue Merlin (dans le XIe arrondissement à Paris), occupé par les *intermittents* (avec le soutien du maire) et transformé en base d'opérations. Cet immense espace, composé de halls et de nombreuses pièces séparées, bourdonnait d'activité : des gens discutaient, affinaient leurs stratégies, peaufinaient le plan de leur prochaine action, préparaient des manifestations, réfléchissaient aux moyens d'informer le public... Les murs étaient recouverts d'une foule de messages, d'informations, de slogans, d'annonces pour des événements et des réunions à venir. L'atmosphère était électrique et extrêmement positive. Ce que j'ai trouvé particulièrement encourageant, c'est que ces techniciens et ces artistes du spectacle construisaient un *processus de contestation durable*, intégrant la question des modes de communication et la nécessité de faire participer le public.

Nous avons tous pareillement besoin d'un processus collectif pour remettre en cause le rôle des mass media audiovisuels. Et nous sommes entrés dans une phase où la crise globale, tout comme le lien direct entre celle-ci et le rôle social des mass media audiovisuels, est de plus en plus apparente. J'espère que les quelques idées présentées ici - en particulier les propositions exposées dans le chapitre intitulé "Le public : processus et pratiques alternatives" - pourront contribuer à l'émergence, si indispensable aujourd'hui, d'un véritable débat pour le changement.

Annexe 1 **La théorie du Garde Barrière et "l'objectivité"**

Pour les MMAV, la relation établie avec le public relève essentiellement de l'exercice d'un pouvoir de transmission unidirectionnelle, que cet acte soit ou ne soit pas conscient et délibéré; un pouvoir qu'il s'agit de préserver à tout prix. Les MMAV n'ont aujourd'hui aucun intérêt à modifier ce rapport de force, ni à ouvrir des espaces de participation au public.

Comment cette peur de partager le pouvoir se manifeste-t-elle? Et comment s'exerce la répression des alternatives ? Principalement par une "sélection" rigoureuse des programmes diffusés. J'ai déjà décrit les quatre techniques les plus couramment utilisées pour éliminer les oeuvres des réalisateurs alternatifs et empêcher l'accès du public à tout débat critique. Il va sans dire que ces techniques ne sont pas (encore) officiellement enseignées dans les écoles de cinéma et de vidéo, ni affichées dans les règlements intérieurs des chaînes de télévision. On y trouvera en revanche la "théorie du garde-barrière".

Concrètement, cette théorie présuppose que le rôle d'un acteur télévisuel responsable est de contrôler tous les documents susceptibles d'être diffusés. Il s'agit, en d'autres termes, d'élaborer une sorte de "barrière", un filtre capable d'opérer un tri très sélectif des nouvelles, des informations, des idées et des sujets transmis. Ce processus de "garde-barrière" est mis en oeuvre au cours de la phase éditoriale, non seulement par les directeurs de l'information, mais aussi par des contrôleurs disséminés à tous les niveaux de la programmation.

L'un des objectifs actuels de ce processus opaque (qui n'est jamais dévoilé au public) est de garantir le libre accès (voire la promotion) des documents adaptés à l'idéologie des forces du marché et de bloquer, à l'inverse, tout ou la majeure partie de ceux qui seraient à l'évidence opposés à cette logique marchande. Les conséquences d'une telle manipulation de l'information sont vastes et profondes. Au-delà même d'une pratique vouée à l'idéologie de la globalisation, ce contrôle vise plus fondamentalement la défense d'un pouvoir pour le pouvoir.

La "théorie du garde-barrière" s'applique non seulement aux contenus des documents, mais également à leur forme narrative. Il est clair que les MMAV ont décidé une fois pour toutes que les structures narratives plus complexes et les langages audiovisuels moins rythmés étaient dangereux. Les MMAV ont compris que de telles formes audiovisuelles, en offrant plus de temps et d'espace au spectateur, en lui donnant l'opportunité de mieux appréhender le document, d'y réfléchir ou même éventuellement de questionner ce qu'ils voient, constituent donc une menace flagrante.

En 1993, le magnat mexicain des médias Emilio Azcárraga Milmo, supporter déclaré du Parti Révolutionnaire Institutionnel (PRI) au pouvoir (il s'était autoproclamé "soldat du président"), déclara publiquement qu'il était de la responsabilité d'une chaîne de télévision de "divertir les pauvres et de les distraire de la triste réalité et des lendemains difficiles". Plein de gratitude pour les effets pacificateurs des *soap-operas* d'Azcárraga, un membre dirigeant du PRI enfonça le clou en disant : "Mieux vaut tirer des larmes avec des mélos qu'avec des gaz lacrymogènes."

La plupart des professionnels des MMAV nieraient sans doute avec force, qu'ils méprisent le public à ce point. Certains, pourtant, sont prêts à admettre qu'ils ont été formés "pour produire des programmes alignés sur le plus petit dénominateur commun." Compte tenu de l'absence de toute autocritique au sein des professionnels des MMAV, que ce soit en privé ou à fortiori en public, ce paradoxe n'est jamais remis en cause.

La *British Broadcasting Corporation (BBC)*, comme l'ensemble des télévisions publiques de la planète, dénonceraient vigoureusement toute accusation de parti pris éditorial et revendiqueraient, au contraire, la qualité d'une programmation riche et équilibrée ; la même BBC qui refuse obstinément de débattre de sa soumission à la Monoforme, non seulement en ce qui concerne la sélection restrictive des programmes autorisés à franchir "sa" barrière, mais également des effets sociaux, culturels et politiques que cette forme produit sur le public. N'importe quel auditeur régulier de la *BBC World Service Radio* pourrait en tout cas témoigner de son parti pris flagrant en faveur de la globalisation marchande.

Annexe 2 **Les MMAV et la globalisation**

Le soutien des MMAV à la marche forcée vers la globalisation joue sur plusieurs niveaux et utilise divers mécanismes, dont :
- Les collusions directes.
- Les présentateurs des informations.
- La forme narrative.

Le premier niveau est tellement évident qu'il se dispense d'explications approfondies. Songez à l'incessant mitraillage d'allusions visuelles et sonores à la **consommation** dans les films hollywoodiens et les programmes télévisés ou radiophoniques : *soap-operas*, jeux télévisés, émissions de variété et de cinéma, sans parler des publicités. A priori, la radio peut sembler relativement épargnée par ce phénomène, du moins tant qu'il ne s'agit pas du journal d'informations. Les présentateurs des informations de la soi-disant très " neutre " et très "objective" *BBC World Service Radio*, par exemple, laissent rarement passer une occasion de vanter les mérites de l'économie de marché et de discréditer les opinions contraires, voire celles qui ne font qu'exprimer leurs inquiétudes face à l'état actuel du monde. Mes archives sont pleines d'exemples de ce type, dont la transcription ne peut malheureusement pas rendre compte du ton alternativement dédaigneux et indifférent de ceux qui s'expriment. En voici une petite sélection :

BBC World Service Radio, 10 août 1997 :
- Un jeune présentateur de la BBC chante les louanges de l'économie californienne. Il vient de

s'entretenir avec un entrepreneur de la Silicon Valley qui affirmait que l'économie globale du XXIe siècle, principale source d'emploi pour des milliards de personnes, serait fondée sur "les ordinateurs, l'information et le divertissement planétaire". Frétillant de plaisir tout au long de l'entretien, le présentateur de la BBC n'aura, à aucun moment, su opposer le moindre commentaire critique contre cette vision du siècle à venir.

BBC World Radio, 5 janvier 1999 :
- A propos des régions arctiques, un savant déclare que le réchauffement planétaire va entraîner une augmentation de 10 à 15°C des températures de l'hiver polaire, d'ici l'année 2050. "Avons-nous des raisons de nous en inquiéter ou est-ce au contraire une chose sans importance pour nous ?" lui demande d'une voix désincarnée le présentateur de la BBC.

BBC World Radio, 23 janvier 1999 :
- "Quel excellent créneau commercial!" s'extasie le présentateur, au cours d'un sujet consacré à un antidépresseur suisse destiné à traiter les crises d'anxiété dont les chiens sont victimes en l'absence de leurs maîtres. Pas le moindre commentaire ne sera fait sur les bénéfices réalisés au passage par les grands groupes pharmaceutiques et encore moins sur les éventuelles conséquences en termes de santé pour le chien. La seule intervention du très "objectif" présentateur de la BBC se bornera à saluer avec enthousiasme le potentiel commercial représenté par le lancement sur le marché de ce nouveau médicament.

BBC World Radio, 25 février 2000 :
- Un athlète autrichien s'insurge contre l'instrumentalisation du sport par des organisations de droite à des fins de propagande.

L'athlète poursuit en stigmatisant la société autrichienne comme n'étant qu'une suite "d'événements sportifs et mondains". "À vous écouter, ça m'a plutôt l'air d'être la belle vie !" commente le journaliste sportif de la BBC.

BBC World Radio, 6 juin 2000 :
- Un sujet est consacré à des militants anti-GAP qui dénoncent l'exploitation des travailleurs par cette chaîne de confection. Les journalistes utilisent les termes de "**GAPtivistes**" et de "**GAPitalisme**". Au terme du reportage, les commentateurs de la *BBC* (un homme et une femme) s'amusent à singer les mots "Gaptivistes !" et "Gapitalisme !" en les répétant à tour de rôle.

BBC World Radio, fin septembre 2000 :
- Les Danois viennent d'opposer un "Non" retentissant à la question de leur adhésion à l'Union Européenne. Le présentateur bombarde de questions un envoyé spécial à Copenhague, le pressant de le suivre sur le terrain d'un éventuel "état de peur" qui pourrait peser sur le Danemark du fait de cette décision. Bien que son collègue ait maintes fois réaffirmé que les Danois ne regrettaient en aucun cas leur vote, le présentateur de la BBC persiste à leur prédire un possible destin funeste.

Même si l'on décidait d'ignorer la question de "l'objectivité" censée dicter la politique éditoriale et le choix des mots, le ton condescendant suffit souvent à marquer le dédain des présentateurs pour le petit peuple et les contestataires. Les émissions cyniques et hostiles diffusées à la radio et à la télévision constituent des oeuvres de démoralisation pour les auditeurs et les spectateurs qui, en dépit de ce que prétendent les médias, se sentent probablement concernés par le devenir de notre planète.

Plus grave, sur le plan social, cet environnement médiatique étouffe toutes les expressions alternatives. À quelques rares exceptions près, les médias audiovisuels n'offrent au public aucun discours lui permettant d'envisager des alternatives sociales, économiques et politiques d'avenir, dans l'attente du jour où s'effondrera la phase actuelle du capitalisme triomphant. Le débat public sur l'avenir de notre planète est asphyxié par les MMAV modernes. Et si l'on trouve néanmoins quelques articles critiques dans certains quotidiens ou revues, l'immense majorité de la population mondiale dépend des MMAV dominants pour se forger une "opinion", ce qui explique certainement la raison pour laquelle la globalisation (dans son sens le plus péjoratif) avance si rapidement.

En refusant tout espace à l'expression d'idées alternatives, les processus et les formes narratives des MMAV (en particulier la Monoforme) sont des acteurs de premier plan de la campagne de promotion de la société de consommation. Un climat de dépendance et d'inertie, qui va de pair avec les fausses illusions de besoins artificiels, généré par les publicitaires et la majorité des MMAV. Comme le souligne Caroline Lensing-Hebben (de l'association *Rebond pour la Commune*) : "Le résultat est un cercle vicieux fait de manipulation et de besoins nés dans la vassalité, par lequel l'unité du système se renforce sans cesse."

Annexe 3 **La couverture de la guerre contre l'Irak par les MMAV américains**

Voici quelques aperçus du processus, obscène et inhumain, de traitement de l'information, illustrés par des déclarations de présentateurs de journaux télévisés :

- Un présentateur de la *NBC* évoque de façon très détachée " un bombardement de qualité ..."; "Nous avons la maîtrise du ciel et pouvons travailler 24 heures sur 24..."

- Un reportage sur une militante pacifiste écrasée par un char israélien est immédiatement suivi de la phrase suivante : "Reprise de la bourse aujourd'hui malgré les grondements de la guerre qui résonnent au loin." Les premiers mots sont prononcés alors que l'on voit encore à l'écran, le visage meurtri de la jeune victime.

- *ABC News* annonce : "Ce que vous **devez** savoir !" (le téléspectateur présume alors que la chaîne va parler de la guerre contre l'Irak), avant d'enchaîner avec une publicité pour la cérémonie des Oscars à Hollywood où l'on peut entendre : " La soirée dont on parle (...). Les plus gros titres et les plus grands décolletés ! "

- Les envoyés spéciaux sur le champ de bataille font constamment allusion aux "dernières avancées technologiques" qui permettent la diffusion des informations en "temps réel". "Une technologie journalistique qui permet de remettre les bonnes informations en de bonnes mains..."

- "Cela fait un certain temps que nous nous préparons à cette guerre... et nous avons réalisé ce graphique informatique." (Peter Jennings, *ABC News Special*)

- "Tout le monde pense que la guerre est désormais inévitable."

- "Une formidable démonstration de puissance militaire !"

- "C'est un sacré champ de bataille !"

- "On a les coudées franches ! (...) Il n'y a pas de censure militaire" (*elle est inutile* – note de l'auteur.)

- Sur un ton enthousiaste : "Quelle nuit nous venons de vivre à Bagdad !"

- Le caporal-chef Edward Chin des Marines américains escalade la statue de Saddam Hussein pour recouvrir le visage du dictateur d'un drapeau américain, un acte décrit par les présentateurs comme "l'équivalent de l'escalade du Mont Everest". "Fidèle à sa tradition, *ABC* a retrouvé ce soldat et nous lui avons promis que nous irions saluer sa famille !"

- Commentaire à propos du sauvetage du soldat américain Jessica Lynch : "C'est exactement comme dans un film hollywoodien !"

Cette dernière histoire fut particulièrement surréaliste à la télévision : le passage en boucle d'images saccadées et floues retransmises avec une ferveur quasi-hystérique par l'ensemble des réseaux télévisés américains qui avaient enfin déniché leur **héros**(ïne). En définitive, cela aurait tout aussi bien pu être n'importe qui d'autre, son visage n'étant pratiquement jamais visible dans des séquences essentiellement composées de gros plans de bottes militaires. L'atterrissage de l'hélicoptère sur le lieu de détention de Jessica Lynch fut simulé par ordinateur. Pour conclure sur une note rassurante, l'équipe de *Good Morning America !* (chaîne *ABC*) nous informa que Jessica Lynch (ou son sosie) avait pris un solide repas composé de "dinde en sauce et de carottes vapeur." (8 avril 2002)

- Des incrustations graphiques récurrentes et particulièrement révoltantes dressant le décompte des victimes américaines et anglaises (des chiffres accompagnés des drapeaux de chaque pays). Les morts irakiens (ici, pas de drapeau), y compris les victimes civiles, sont nonchalamment laissés de côté par une *voix-off* se contentant de déclarer qu'ils se comptent "par milliers".

- Un épisode révélateur du climat de peur et de conformisme généré par les MMAV américains au cours de cette période fut celui qui suivit le licenciement par la *NBC* du journaliste Peter Arnatt. Dans une interview réalisée en Irak, Arnatt avait déclaré que la stratégie militaire américaine avait échoué face à la résistance irakienne. Une chaîne affiliée à la *NBC* interrogea ensuite un enseignant des médias qui déclara que la *NBC* avait pris la bonne décision en renvoyant Arnatt, ce dernier ayant "confondu la couverture d'un événement et le fait de devenir un acteur de cet événement." "Etait-ce vraiment là une erreur de jugement ou ne cherchait-il pas plutôt à se faire bien voir des Irakiens ?" (Si cet enseignant avait eu la capacité d'analyser ses propres propos, et la façon dont il avait été lui-même manipulé, il aurait sans doute compris que son accusation - un journaliste devenant acteur de l'événement - qualifiait précisément ce dont se rendaient coupables les médias américains dans leur couverture de la guerre. Ce professeur n'était qu'une victime de plus, consentante et soumise, du même processus.)

La liste de sujets qui suit est une sélection extraite d'émissions des MMAV américains que j'ai eu l'occasion de suivre lors du déclenchement de l'attaque contre l'Irak par les forces de la "coalition". Il s'agit essentiellement de reportages de guerre, agrémentés de publicités, d'annonces pour des programmes télévisés, et de quelques rares messages de service public. On notera l'invraisemblable **similitude** dans le rythme de montage qui caractérise l'ensemble des nouvelles, quel que soit le sujet ou la chaîne concernée, ainsi que leur brièveté ou DMP (Durée Moyenne d'un Plan) : soit la longueur d'un sujet divisé par le nombre de coupes = durée moyenne de chacun des visuels). J'ai commencé à mesurer le rythme des MMAV américains dans les années 1970. À l'époque, la DMP pour les informations télévisées était d'environ 5 à 7 secondes.

Ces éléments de l'année 2003 sont pris au hasard et ne suivent pas un ordre chronologique particulier :
• Une manifestation locale de soutien aux troupes américaines : 3,8 secondes; *ABC*, 6 avril
• L'enterrement du caporal-chef Orlowski : 4,2; *NBC*, 5 avril
• Les troupes américaines font des incursions dans Bagdad : 3,4; *NBC*, 5 avril
• Un convoi allié attaqué par erreur: 3,8; *ABC*, 6 avril
• "Notre reine des guerrières" (sujet sur une femme soldat américaine, indienne Hopi, tuée en Irak) : 3,8; *ABC*, 7 avril
• Les marines approchent de Bagdad et prennent l'aéroport : 2,7; *CBS*, 4 avril
• Envoi d'aide humanitaire : 6,2; *Radio-Canada*
• Des troupes américaines sécurisent une zone : 4,5 ; *Radio-Canada*
• Les troupes américaines investissent l'aéroport de Bagdad : 4,4; *ABC*, 4 avril
• Publicité pour des prêts financiers à long terme : 2,7; *CBC* (Canada)
• Bande-annonce pour le film "Un mari idéal" : 1,3; *CBC* (Canada)
• Colin Powell à l'Otan (images commentées en

voix-off) : 5,0 ; *CBC* (Canada)

• Des soldats Irakiens se rendent (sujet transmis par vidéophone) : 5,5; *ABC,* 3 avril

• Sauvetage du soldat américain Jessica Lynch ("c'est exactement comme dans un film hollywoodien !") (À plus d'un titre ! note de l'auteur) : 5,5; *ABC,* 3 avril

• Message de service public sur des médicaments gratuits pour les enfants : 1,6; *NBC;* 3 avril

• Annonce pour une série comique avec Madonna : 1,2; *NBC,* 3 avril

• Sauvetage de Jessica lynch : 6,6; *NBC,* 3 avril

• Annonce pour le journal télévisé de la *chaîne 4 (WIVB)* (on y voit notamment des images de guerre, une jeune fille embrassant son père soldat, etc.) : 1,8; *NBC,* 31 mars

• Interview de Tarek Aziz (Irak) par Richard Engel : 3,8; *ABC,* 31 mars

• Des Sikhs de l'Ouest de New York priant pour les soldats et assurant l'opinion de leur loyauté : 3,8; *CBS,* 31 mars

• Neutralisation et sécurisation, les Marines fouillent maison par maison: 3,9; *ABC,* 1er avril

Ces chiffres ne font que confirmer ce qui saute aux yeux à l'écran : le processus actuel des mass media audiovisuels est bien plus une affaire de manipulation que de véritable communication. Les événements réels (tragédie et souffrance humaines) sont débités à grande vitesse et crachés au visage du public en utilisant le même langage filmique, quel que soit le sujet. Notons, par exemple, les rythmes de montage identiques, qu'il s'agisse d'une publicité pour des prêts financiers à long terme ou d'un reportage sur les Marines approchant de Bagdad et investissant l'aéroport.

Enfin, n'oublions pas que des évaluations similaires pourraient être obtenues en analysant n'importe quelle chaîne de télévision au monde.

Au-delà de quelques variations nationales en termes d'orientations politiques, sociales, et économiques, les formes et les processus fragmentaires et manipulateurs sont assurément les mêmes.

Annexe 4 **Les médias et la mort de la Princesse Diana**

Un jour de 1997, alors que j'étais en train d'achever la dernière version d'un texte intitulé **La face cachée de la lune**, on annonça la mort de Diana Spencer, Princesse de Galles. Le débordement de chagrin public qui s'ensuivit soulève d'énormes interrogations quant au rôle des médias dans cette affaire. En suivant les émissions de radio du *BBC World Service* dans la semaine qui suivit la mort de Diana (je vivais à l'époque en Lituanie), je me suis demandé si les professionnels des médias avaient totalement perdu la raison ou s'ils étaient devenus encore plus manipulateurs que je ne le pensais. Le flot ininterrompu des commentaires contrits et obséquieux, les passages en boucle de ce qui était devenu sa "chanson funéraire", l'intarissable litanie de détails sur la vie et la mort de Diana en lieu et place d'une information sérieuse sur les événements mondiaux, les radio-trottoirs savamment composés sur fond de sérénade d'Elton John (England's Rose, *la Rose d'Angleterre*), tout portait effectivement à croire le *Washington Post* lorsqu'il titrait : "Les médias sont complètement déchaînés". Un éditorial de l'*International Herald Tribune* décrivait "l'hystérie et l'hypocrisie invraisemblables de la presse à scandale anglaise". Pourtant, l'onde de choc médiatique fut ressentie bien au-delà des tabloïds britanniques. Le lendemain de l'événement, le *New York Times* consacra 40 % de ses pages infos à la mort de la princesse. L'édition anglaise du *Times* lui accorda 26 pages sur 28. *CNN* et la plupart des télévisions américaines emboîtèrent tout naturellement le pas à la *BBC*.

Extrait de **La face cachée de la lune** (écrit en 1997) :

" Si l'on ne devait tirer qu'un seul enseignement des événements et des réactions publiques de la semaine passée, ce serait sans aucun doute cette démonstration définitive d'une société où les mass media ont dépassé la masse critique. J'entends par là que, faute de pouvoir saisir l'opportunité des événements récents pour briser le cycle infernal, l'impact général des médias approche dangereusement du point de non-retour. Et je vois peu de signes encourageants laissant espérer que nous parviendrons à l'éviter.

En premier lieu, les mass media et les professionnels qui en vivent ont tant de pouvoir et d'intérêt personnel en jeu, qu'il paraît très improbable de les voir décider un jour, de leur propre gré, d'oser risquer de perdre leur statut social privilégié. Les conséquences économiques d'un changement d'orientation des mass media seraient énormes. Une démocratisation des médias et de la relation qu'ils entretiennent avec le public, en réponse aux enjeux évoqués ici, impliquerait que le public s'émancipe de son état de dépendance aux médias. Depuis la mort de Diana, les ventes de la presse britannique ont atteint de tels sommets que les journaux ont demandé à une entreprise de papier suédoise d'accroître ses livraisons afin d'éviter une potentielle rupture des stocks. *The Sun*, l'un des tabloïds qui avait publié des photos à sensation de Diana et de son compagnon Dodi Al Fayed, et avait titré après l'accident "Bonne nuit, adorable Princesse", augmenta ses ventes d'un million d'exemplaires le lendemain de sa mort.

Le problème le plus important réside dans le rôle du public lui-même, dans sa profonde complicité avec la (notre) culture populaire, celle-là même qui, en définitive, porte une responsabilité dans la mort de Diana. Comme j'ai déjà eu l'occasion de le dire, et bien que l'on ne puisse nier que cette attitude n'est pas forcément unanime face à la télévision et la presse populaire, de nombreuses personnes apprécient beaucoup cette culture populaire qu'ils interprètent à leur façon. Il est toutefois évident que la relation triangulaire complexe entre le public, la Princesse de Galles et les médias, a pu clairement atteindre un niveau de symbiose potentiellement malsain et dangereux. L'ampleur de la réaction publique à la mort de Diana fut tellement disproportionnée qu'elle dépassa en intensité la plupart des exemples récents d'hystérie collective alimentée par les médias.

Je peux comprendre l'émotion de ce jeune Anglais, venu assister aux funérailles de la Princesse Diana pour lui rendre un hommage personnel, et qui parlait avec émotion de la visite qu'elle lui avait rendue à l'hôpital où il était soigné. Il s'agit là d'une réaction personnelle à une expérience personnelle. Beaucoup plus inquiétante fut l'immense émotion collective de ces milliers de personnes qui n'avaient jamais rencontré Diana et qui ne la connaissaient qu'à travers la médiation de l'écran et de la presse.

Certains prétendront que la réaction du public est sincère et qu'elle ne résulte d'aucune manipulation, mais son ampleur phénoménale (que les médias reconnaissent comme "l'une des plus importantes démonstrations de chagrin collectif de l'histoire anglaise") constitue un événement composite, une alchimie complexe combinant authenticité et artifice.

De très nombreuses personnes affectées par ce deuil déclarèrent qu'elles avaient été elles-mêmes impressionnées par l'intensité de leur chagrin. L'une d'entre elle affirma : "J'étais vraiment bouleversée et j'en fus surprise. Elle était tellement présente dans la presse qu'on se disait qu'elle serait toujours là... Ce n'est que maintenant que je me rends compte de tout le bien qu'elle faisait." Une autre femme qui ne l'avais jamais vue, ni rencontrée, déclara qu'elle ressentait "le besoin d'être près de Diana une dernière fois, de visiter sa maison, de lui dire qu'elle l'aimait pour l'éternité."

Une institutrice qui assistait aux funérailles confia : "C'est un des événements les plus tragiques de toute mon existence. Je me rappelle les détails de son mariage comme si c'était hier, elle comptait beaucoup pour moi. Elle était si humaine. Elle a commis des erreurs et elle avait des défauts, comme toutes les femmes. Ca ne me suffisait pas de voir ça [les funérailles] à la télévision. C'est bizarre qu'on ressente tous ça; sans même l'avoir rencontrée, on a le sentiment qu'elle nous a personnellement touché."

Il se dégage de ces témoignages une impression palpable d'étrangeté dans le sens où ils émanent de personnes qui semblent aussi surprises de l'intensité de leur douleur qu'incapables de comprendre d'où cette émotion provient réellement. Ce que j'essaie de souligner ici, c'est précisément le rôle souterrain que les mass media ont joué dans le façonnage de l'émotion publique.

Pour l'énorme majorité des gens, le contact entre Diana et le public s'est opéré à travers l'imagerie des mass media. Si ces derniers n'avaient pas hissé Diana sur un piédestal, une telle réaction collective n'aurait jamais eu lieu. Davantage de gens auraient sans doute prêté attention à la disparition de Mère Teresa, qui fut pratiquement autant ignorée (*CNN* parla du "départ d'une autre remarquable femme de coeur") que la mort de Dodi Al Fayed (qui, sauvagement traqué par une meute de journalistes, avait encore la "faveur" des médias quelques jours auparavant). En allant au bout de ce raisonnement, on pourrait supposer que si les médias n'avaient pas continuellement et cyniquement manipulé l'image de la Princesse Diana (l'adulant et l'abhorrant à tour de rôle), elle serait encore vivante aujourd'hui.

L'incroyable exagération de la portée des oeuvres caritatives de Diana a certainement joué un rôle dans la déification de la princesse. Un autre jeune homme participant aux funérailles, déclara qu'il était venu à Londres pleurer Diana, parce que "personne d'autre qu'elle ne menait ce genre de combat". Sans vouloir minimiser l'importance de l'engagement de Diana en faveur des victimes du VIH/Sida, du cancer et des mines anti-personnel, des milliers d'autres, et notamment d'innombrables travailleurs sociaux bénévoles (ou volontaires mal rémunérés) dans le monde entier, sont également impliqués dans d'importantes missions humanitaires. La seule différence, c'est que dans 99 % des cas, ils sont complètement ignorés par les mass media.

La recadrage médiatique, hautement sélectif et centralisé, sur un individu célèbre au détriment de milliers d'autres, constitue l'un des aspects dangereux et anti-démocratiques des mass media contemporains. En gommant ainsi le rôle des "gens ordinaires" et de leurs luttes quotidiennes au profit des stars, les médias incarnent l'antithèse du pluralisme et de la conscience collective.

D'aucuns prétendent que la culture populaire ainsi que certains modèles médiatiques (tel le récent *sitcom* irlandais qui a suscité le premier débat public sur le thème de l'avortement) et certainement l'oeuvre caritative de Diana, ont leurs bons côtés. Mais de nombreuses méthodes alternatives pour communiquer ces thèmes et problématiques au public comportent bien moins de risques à long terme pour la société et les individus qui la composent.

A moins d'un débat public de fond sur l'avenir et le rôle des mass media - dans les espaces publics, à l'école, dans les foyers et sur les lieux de travail - il me semble qu'il sera de plus en plus difficile pour les gens de s'émanciper de l'influence des MMAV.

Un éditorialiste anglais du *Times* a pu écrire que l'appétit vorace pour les nouvelles et les images des personnalités riches et célèbres était une "drogue mondiale qu'aucun pays n'a la capacité de contrôler". Je crois que la solution ne viendra pas tant du "contrôle" que du débat, du sens critique, de la connaissance, et des formes alternatives de communication.

Ceci nous amène à poser la question du rôle du système éducatif. En réaction à la couverture médiatique de l'affaire Diana, un enseignant américain en sciences de la communication, publia dans la presse un bref article intitulé "Pourquoi nous avons besoin des paparazzis", dans lequel il expliquait : "Tenir les médias responsables de cet incident aussi hautement symbolique qu'isolé, c'est ne rien comprendre à l'absolue nécessité pour nos démocraties d'un journalisme dynamique, et même de scandales médiatiques... Espérons que l'hystérie actuelle quant au rôle joué par les médias dans cet accident finira par disparaître des débats. N'oublions jamais le préalable indispensable d'une presse libre et vigoureuse dans le délicat système de contre-pouvoirs du monde occidental."

Le même enseignant poursuit en prétendant que la "visibilité médiatique" limite le pouvoir des célébrités (présidents, stars du cinéma, membres des familles royales) et conclut en substance : "Une révision des lois réglementant l'intrusion dans la vie privée des célébrités est peut-être nécessaire, mais la visibilité et la responsabilisation que garantissent les médias d'information sont indispensables à la démocratie."

Il est plus que probable que, dans les mois à venir, la presse et la télévision colporteront ce type de déclarations émanant de vagues "expertes" appelées à la rescousse de mass media mis à mal par la critique.

Qu'un enseignant des médias puisse qualifier "d'hystérie" des commentaires critiques envers le comportement des médias et espérer qu'elle "finira par disparaître des débats", est un signe inquiétant de la grave sclérose qui paralyse les circuits dominants de l'éducation aux médias. Cela augure mal des conseils qui seront prodigués aux étudiants en médias, s'il s'agit, comme c'est probable, de ramener dans le rang ceux qui auraient "mal interprétés" les événements liés à la mort de la Princesse Diana.

L'éducation dominante a toujours vanté les "plaisirs" que peuvent apporter la culture populaire et négligé (ou marginalisé) la critique des mass media. Nous n'aurions pas assisté aux événements de la semaine passée s'il en avait été autrement. La douleur provoquée par la perte de Diana se serait exprimée à une toute autre échelle, et aurait suscité une foule d'interrogations non seulement sur le rôle des mass media, mais également sur notre propre perception de cette affaire.

Il est presque certain que de nombreux enseignants et professionnels des médias iront jusqu'à profiter de la mort de Diana Spencer pour légitimer la marginalisation des critiques hostiles à la culture populaire. Ils expliqueront que ces événements ont rapproché les gens à la faveur d'une même expérience collective de douleur partagée. "Nous sommes devenus un peuple plus émotif, moins révérencieux et plus diversifié", disait un éditorialiste du journal britannique *The Independent*." Or, la réaction de masse dont nous avons été les témoins n'est en aucun cas l'expression d'un quelconque pluralisme ou d'un "pouvoir populaire" mais bien le résultat d'une focalisation intense et complètement disproportionnée sur un seul individu. Une façon d'exprimer non pas moins mais beaucoup plus de révérence... qui n'a de pluraliste que le nombre.

Rappelons également que les MMAV ont été tout aussi muets que la Maison de Windsor en ce qui concerne leur responsabilité dans ces événements. Bien que je ne puisse prétendre avoir tout entendu, une semaine d'écoute intensive du *BBC World Service* ne m'a pas permis de dénicher un traître mot quant à l'éventuelle implication de la télévision et de la radio dans la manipulation de la perception qu'avait le public de la Princesse Diana. Et s'il est incontestable que la presse a été au cœur de ces événements tragiques, elle a au moins eu le mérite de s'interroger sur son propre rôle (même si nous avons le droit d'être sceptiques quant au résultat), contrairement à des MMAV singulièrement silencieux.

Je conclurais en citant les propos d'un journaliste du *International Herald Tribune* : "La question est de comprendre que ce tremblement de terre signifie qu'il manque quelque chose de fondamental dans nos sociétés. Le système calculateur et manipulateur de notre vie publique à beau être démocratique, il est bien trop froid pour nous satisfaire ... Ce qu'il nous manque, ce que nous désirons si ardemment, c'est une humanité tendre et vibrante, la bonté sans arrière-pensées... Les multitudes ont donné une réponse simple au sentiment complexe de vide qui subsiste lorsque les besoins physiques et les désirs de jouissance et d'évasion ont été assouvis sans que le cœur de la vie publique en soit réchauffé pour autant... Le seul objectif qui lui reste alors est celui de perdurer..."

Les mass media contemporains jouent désormais un rôle fondamental dans la perversion des énergies collectives et du besoin de compassion (et d'un rapport plus contemplatif au temps et à l'espace) qui existe dans le public.

La façon dont se développent actuellement les relations entre le public et les médias, avec la bénédiction du système éducatif, ne présage rien de bon pour l'avenir déjà fragile des démocraties du monde entier.

septembre 1997

Annexe 5 **Le rôle de la Commission Européenne**

À travers toute l'Europe, la Scandinavie, le Canada, l'Australie et la Nouvelle-Zélande, les chaînes de télévision sont désormais à ce point centralisées que le public n'a plus aucun droit de regard sur ce qui est diffusé à l'écran.

Autre élément préoccupant, le fait qu'une majorité d'institutions éducatives dans ces pays a poursuivi ce processus de centralisation, en dispensant des programmes de formation aux médias entièrement soumis aux règles de Hollywood. Outre le fait qu'elle représente une sérieuse atteinte à la démocratie, cette situation menace les rares espaces culturels de diversité et de création qui subsistaient encore au sein des MMAV. En devenant une énorme et tentaculaire administration audiovisuelle, la **Commission Européenne** de Bruxelles et ses nombreux départements Média jouent désormais un rôle fondamental dans cette crise.

Bien que la compétition entre les différents médias européens soit féroce (des plus petites sociétés de télévision par câble ou par satellite aux plus grandes entreprises publiques), sur le plan de leur relation au public, ils font cause commune : utilisation universelle de la Monoforme, refus commun d'adopter un rapport plus interactif avec les groupes et les communautés locales, recours identiques à des manières de plus en plus agressives de manipuler et de piéger les spectateurs.

La Commission Européenne est rapidement devenue le pôle négatif de cet environnement sinistre. Un document de 2001 du Directoire Général de la C. E., Education et Culture, décrit ainsi l'un des objectifs des programmes média de la Commission :

"La télévision, le cinéma et les nouveaux médias jouent un rôle de plus en plus important dans la vie des Européens : on compte en 2001 plus de 500 chaînes de télévision, soit trois fois plus qu'en 1990, et plus de 500 films produits chaque année en Europe. *Ces différents médias nous informent, nous éduquent et nous divertissent*" (les italiques sont de l'auteur). Le même document dit un peu plus loin :

"Le secteur audiovisuel est significatif pour l'Europe, avec l'expansion rapide que suscitent le développement de la technologie numérique et l'apparition de nouveaux modes de distribution : vidéo et DVD, bouquets de chaînes de télévision numériques, Internet, etc. *C'est l'industrie culturelle par excellence qui reflète notre héritage et nos valeurs.* Pourtant, en termes de cinéma, les films européens ne représentent que 6 % du total des entrées dans les salles européennes. Face à la puissante compétition américaine, l'industrie européenne doit affronter le double défi de produire du contenu *qui respecte la diversité culturelle et linguistique européenne tout en se positionnant solidement sur le marché international...*"

La suite comprend un descriptif du rôle des programmes Média, de la mission de soutien de la Commission au développement de l'industrie audiovisuelle européenne, de son co-financement d'initiatives de formation pour les professionnels des MMAV, ainsi que de la production de projets cinématographiques, télévisuels et "nouveaux médias" (vidéo numérique, Internet...). On peut y lire encore : "L'avenir de l'industrie [des MAVM] dépend de la compétence de ses professionnels. Les producteurs, les scénaristes, et les distributeurs doivent être parfaitement formés et donc capables d'anticiper les évolutions commerciales du marché international et aptes à exploiter le potentiel généré par les nouvelles technologies numériques..."

Une lecture rapide et superficielle de ce texte est suffisante pour mettre en évidence les nombreux exemples qui contredisent complètement les affirmations de la Commission Européenne.

La terminologie en elle-même est assez révélatrice : si nous prenons l'exemple de la partialité et du côté manipulateur des informations télévisées qui gangrènent les écrans européens et scandinaves, nous sommes en droit de mettre en doute notre participation à un processus "informatif" et "éducatif". De plus en plus de gens commencent à comprendre (ou tout au moins à soupçonner) qu'en nous servant une version tronquée de l'histoire (le passé et le présent), la télévision a plus limité qu'elle n'a élargi notre champ de vision du monde. Elle a aussi fragmenté notre perception de la relation aux autres et limité notre capacité à tirer les enseignements de notre histoire pour affronter l'avenir.

La prétention de l'industrie audiovisuelle européenne d'incarner une "*industrie culturelle par excellence qui reflète notre héritage et nos valeurs*" est un mythe plutôt difficile à avaler. Sans s'attarder sur le cynisme d'un texte qui jette la culture et l'industrie dans le même panier, comment peut-on simplement utiliser le terme "*par excellence*" pour décrire un environnement médiatique construit sur la peur et la répression ?

Au-delà de la focalisation excessive des télévisions européennes sur les valeurs de la classe moyenne blanche, comment un environnement qui refuse au public toute participation démocratique dans ses structures décisionnelles, sans même parler de collaboration à la réalisation de ses programmes, peut-il sérieusement être qualifié d' "*industrie qui reflète notre héritage et nos valeurs*" ?

Annexe 6 **La colonisation des télévisions d'Europe de l'Est**

Un certain nombre d'événements intéressants se sont déroulés à Vilnius, capitale de la Lituanie, durant la période où j'y résidais avec ma femme Vida. Ils illustrent parfaitement l'ampleur de la crise des médias qui secoue cette région d'Europe.

En mai 2001, l'Institut Goethe de Vilnius (en coopération avec l'Institut Polonais et le Centre Culturel Français) organisa la venue de responsables de la chaîne franco-allemande *La Sept Arte* pour discuter d'éventuelles co-productions avec la télévision nationale lituanienne (*LRT*). (comme je l'ai déjà mentionné, *Arte* a co-produit et par la suite subtilement censuré mon film **La Commune (Paris, 1871)**, en France).

La réunion, qui dura deux jours, constitue un cas d'école exemplaire de colonisation télévisuelle. Tout d'abord, bien qu'il n'en ait pas été formellement exclu, le public n'était pas vraiment le bienvenu au programme des événements organisés par l'institut Goethe. En dehors de ma femme Vida, qui faisait un peu figure "d'outsider", cette réunion rassemblait des représentants de la télévision polonaise, de l'Institut Goethe, du Centre Culturel Français, des personnalités du monde lituanien de la culture (dont le Ministre lui-même), une poignée de cadres de la télévision, ainsi que des réalisateurs lituaniens et des employés de la télévision nationale.

"Un débat d'experts ; journalisme culturel à la télévision ; le modèle *Arte*..." annonçait le descriptif de l'événement en précisant que le thème central de la réunion avec *Arte* serait : "A quoi *devrait ressembler* (italiques de l'auteur) une télévision européenne commune dans l'avenir ; un thème inspiré de la coopération déjà existante entre la chaîne culturelle Arte et la télévision polonaise."

Compte tenu de notre propre expérience récente et difficile avec *Arte*, nous fûmes scandalisés d'apprendre que cette chaîne venait essentiellement à Vilnius pour imposer aux Lituaniens son modèle de ce que devait être une télévision culturelle européenne.

La télévision lituanienne, à l'instar de la plupart des télévisions de l'ex-bloc de l'Est, est en proie à une crise multiforme, qui se traduit notamment par son incapacité à développer des formes de MMAV inspirées de ses propres valeurs et identité culturelles. L'ensemble des chaînes de télévision lituaniennes sont devenues des clones de la pire espèce de la télévision occidentale : débordantes de publicités, de séries policières violentes, de "thrillers" débilitants, de "débats" pseudo-contradictoires et superficiels (dans l'un des plus populaires de ces programmes de joute oratoire, les intervenants sont revêtus d'une cape de toréador), de *soap-operas*, de clips vidéos musicaux, et de journaux d'information reproduisant les plus grosses tares du sacro-saint modèle américano-européen.

J'avais rédigé un communiqué de quatre pages pour évoquer les dangers de la situation médiatique actuelle, et demandé à ce qu'il soit remis aux participants de la réunion *Arte-LRT* pour en débattre (ce communiqué est disponible sur mon site lituanien). Le communiqué fut déposé sur un rebord de fenêtre. Il s'y trouve peut-être encore.

Au cours de leur visite, les responsables d'*Arte* employèrent une double stratégie visant à l'extension de leur empire. En premier lieu, ils affichèrent une série de slogans et de formules vantant la nature démocratique d'Arte et de son organe décisionnel strasbourgeois qui compte 8 membres, leur attachement au rôle d'*Arte* en tant que média du service public, l'importance des "télévisions culturelles" en Europe... Le pot-pourri qui suit donne une bonne idée du style de leur approche :

"(...) Les nouveaux médias se doivent de demeurer créatifs, y compris dans la sphère des programmes culturels; *Arte* est investie d'une mission culturelle, dotée d'une approche pro-active, et doit rester ouverte aux autres cultures, aux autres pays, au-delà des frontières linguistiques et culturelles; seule la télévision publique peut provoquer, dépasser les cadres restreints de la société, développer des idées neuves; une société qui ne réagit qu'aux impulsions commerciales n'avance plus; s'affranchir du marketing permet la production de programmes innovants et de qualité; il n'est pas nécessaire de suivre les courants dominants de la programmation de masse; il n'est pas indispensable de ne diffuser que des émissions populaires; *Arte* doit rester fidèle à son authentique mission spécifique de service public; *Arte* aime le cinéma et soutient sa production; *Arte* oeuvre à ce que les films nous ouvrent de nouveaux horizons et de nouvelles sensations, et veille à ce qu'ils aient le courage de définir leurs propres objectifs et leurs propres ressorts créatifs; nous sommes en faveur d'une télévision pour tous, mais pas forcément pour tout le monde au même moment..."

Ce genre de déclarations (notées ici par mon épouse Vida) représente la surface apparente du positionnement "culturel" d'*Arte*. Le deuxième axe de leur stratégie, plus proche de l'objectif principal de leur réunion, émergea assez tôt dans les rencontres. Les bureaucrates d'*Arte* commencèrent rapidement à exprimer leurs inquiétudes face à la compétition "brutale" suscitée par l'essor des chaînes privées et commerciales à travers toute l'Europe. Et, tout en se défendant de recourir à des pratiques bassement commerciales, ces cadres expliquèrent que pour résister à la concurrence et donc faire un maximum d'audience, ils n'avaient pas d'autre choix que de reprendre les schémas de programmation dominants !

Les cadres d'*Arte* rapportèrent que des études avaient montré que le "temps de zapping" sur la télévision par câble ne laissait qu'une fenêtre de visionnage de 1 à 3 minutes. Mais, assurèrent-ils "la télévision ne peut exister sous la forme de créneaux de 3 minutes." Il était donc primordial de ralentir la télévision "pour aller vers des créneaux d'émissions d'une durée de 26, 52 et 90 minutes", et d'utiliser le concept de "soirées thématiques". Le fait que leurs soirées thématiques et autres créneaux élargis ne représentaient rien d'autre qu'une nouvelle forme de packaging imposé ne fut pas soumis à débat, ni le fait que ces créneaux (qui rétrécissent à vue d'œil) contribuent à renforcer la Monoforme, et constituent les éléments de base de l'Horloge universelle.

Quelles furent les réactions de l'auditoire ? Et qu'ont fait les participants, notamment les envoyés culturels internationaux, devant de telles contradictions ? Exactement ce que fait la société européenne en général : absolument rien.

Avaient-ils peur de s'opposer à *Arte* ? Ou étaient-ils à ce point empêtrés dans les valeurs de la culture moderne que ce double langage leur paraissait parfaitement normal ?

Particulièrement significative et tragique fut l'attitude des professionnels des médias lituaniens : eux aussi acceptèrent passivement le discours contradictoire d'*Arte* (qui, ne l'oublions pas, intervenait en tant qu'exemple à suivre, modèle d'une télévision culturelle européenne.)

Le fait que la *LRT* ait terriblement envie de rejoindre le "Club des Européens" pourrait probablement se justifier, si ce n'était la responsabilité dont elle est censée être dépositaire envers le **public** lituanien. La *LRT* représente la télévision d'Etat de service public. Malheureusement, ce même public a très peu de chance d'être informé des décisions politiques prises à cette réunion, et encore moins d'être invité à participer au processus décisionnel lui-même.

Que peut-on dire d'*Arte* et de ses positions ? Les cadres (dé)considèrent clairement le public comme une "masse de zappeurs" et pensent, à l'instar de leurs collègues des chaînes de télévision ouvertement commerciales et corrompues, que les téléspectateurs ont besoin d'une intense manipulation pour satisfaire à leur rôle de fournisseurs en taux d'audience élevés.

La faiblesse de la position lituanienne fut particulièrement apparente lorsque *Arte* discuta des relations avec les pays étrangers, notamment avec les télévisions des pays de l'Est qu'elle espérait impliquer dans des coproductions. Tout en soulignant à quel point "il était formidable de partager des expérience", important de "jouer collectif", et combien ils désiraient aider les Européens de l'Est à diffuser leur culture à la télévision, les cadres d'*Arte* signifièrent très clairement que ce serait eux, et non les

Européens de l'Est, qui décideraient quels programmes et quels projets seraient éventuellement financés (retour à la "démocratie" du comité de huit membres). *Arte* dévoila également plusieurs aspects de la philosophie hautement partiale et conservatrice à l'œuvre derrière ses critères de sélection.

L'un des cadres d'*Arte* déclara : "Des programmes tel que *Nos villes* (qui racontent d'une façon posée la vie dans les petits villages lituaniens) ne susciteraient pas l'intérêt du public. Mais les conflits historiques entre la Lituanie et la Pologne seraient accueillis comme des nouveautés "par notre public" (comme si le conflit constituait un sujet novateur à la télévision !). À la question de savoir ce qui motive les choix des émissions culturelles susceptibles d'être diffusées à la télévision, un autre programmateur "culturel" répondit : "C'est toujours un choix subjectif, et je ne peux nier qu'il existe d'autres facteurs : la reconnaissance mutuelle est aussi un facteur important."

Un aperçu supplémentaire du schéma mental télévisuel fut donné lorsque l'un des responsables des programmes d'*Arte* fit allusion à une émission polonaise consacrée à Chopin comme étant "difficile à suivre par les Français en raison de sa lenteur". Mais l'aveu majeur fut lâché par l'un des responsables d'*Arte* à la faveur d'une description de ses réunions spéciales trisannuelles destinées à "approfondir ce qui, pour nous, et probablement (italiques de l'auteur) pour le public, suscite l'intérêt..."

Le deuxième jour, Vida (qui n'avait pu rester jusqu'à la fin de la première journée) essaya de poser quelques questions soulevées par les débats, et de parler de mon communiqué. Son intention était de relever les contradictions dans les propos d'*Arte*, et de souligner que, malgré ses discours sur les "ressorts créatifs", cette chaîne

avait ouvertement marginalisé **La Commune (Paris, 1871)** et, d'une manière générale, adoptait les pires travers de la télévision commerciale. A la fin de l'une des séances, un cadre d'*Arte* demanda s'il y avait des questions. Après un long silence, y compris de la part des professionnels de la télévision lituanienne, Vida prit la parole :
- Me serait-il possible de soulever certains points et d'aborder également quelques thèmes repris dans le communiqué de Peter Watkins.
Les cadres d'*Arte* semblèrent d'abord interloqués, puis l'un d'entre eux répliqua qu'il ne voulait pas discuter de mon article"... sans la présence de son auteur ". Vida insista et précisa qu'elle souhaitait poser des questions en son nom propre. Les Lituaniens, dont le PDG de la *LRT* qui avait présidé la séance, se mirent brusquement à s'agiter, à se chuchoter des choses à l'oreille. Et voilà que subitement, fusa de la tribune des professionnels lituaniens une volée de questions portant sur la collaboration future et ses aspects techniques. Une série d'interventions qui sonna le glas de ce moment de flottement... La cavalerie des professionnels était arrivée à temps pour sauver le système !

A la fin de l'ultime séance de travail, Vida approcha un groupe rassemblé autour des cadres d'*Arte*, et dit à celui qui passait pour le plus haut responsable:
- Il me semble que vous n'aimez pas beaucoup les critiques exprimées publiquement.
- Ce n'est pas vrai, je n'aime simplement pas discuter de ces choses en l'absence de leur auteur.
- Mais en tant que membre du public, j'ai moi aussi quelques questions à poser sur la politique d'*Arte*.
Le chargé des relations publiques d'*Arte* tenta alors d'intervenir, mais fut interrompu par le cadre dirigeant qui déclara :

- J'ai demandé si les gens avaient des questions à la fin de la séance du premier jour, et comme personne n'en avait....
- Cela a probablement eu lieu après mon départ.
À cet instant, le directeur de l'*Institut Goethe* se tourna vers Vida pour lui dire :
- Dans ce cas, c'est votre problème, n'est-ce pas, vous auriez dû rester jusqu'à la fin !
Vida s'adressant au cadre d'*Arte* :
- C'est conforme à votre politique de relations publiques, non ?
- C'est faux !
- Vous savez bien que c'est la vérité... et vous en faites ici encore la démonstration !
Le cadre d'*Arte* et le directeur de l'Institut Goethe tournèrent les talons et s'en allèrent.

Voilà bien le vrai visage de la soi-disant "télévision culturelle" dans l'Europe d'aujourd'hui : complicités commerciales, abus de pouvoir, exclusivité, arrogance, impolitesse et dédain absolu pour tout dialogue démocratique. Apparemment, le flux nauséabond que déverse quotidiennement la télévision ne constitue pas une preuve suffisamment malodorante de la crise des médias pour qu'elle suscite, au minimum, l'émergence d'une opposition citoyenne et active au sein du public. J'espère donc que ce petit éclairage de la face brutale de la télévision européenne contribuera à révéler la véritable nature de la crise que nous subissons tous.

Annexe 7 **L'OTAN débarque en Lituanie, le rôle des MMAV**

Environ deux semaines après la rencontre entre Arte et la télévision nationale lituanienne (*LRT*), un événement, similaire à plus d'un titre, fut organisé : la session de printemps de l'Assemblée Parlementaire de l'OTAN, qui se tenait pour la première fois dans un pays de l'ex-bloc de l'Est. A l'instar de la *LRT* qui désirait devenir membre du Club des TV européennes, l'ensemble de la classe politique lituanienne (c'est à dire les 11 partis politiques participant au gouvernement, et avec eux la totalité des mass media) souhaitait que leur petit pays adhère à l'OTAN.

Le gouvernement de coalition en Lituanie venait tout juste de revenir sur sa promesse électorale de transférer un milliard de litas (*près de 300 millions d'euros en monnaie locale,* ndt) du budget de la Défense à l'Education défaillante. Cet argent semblait désormais devoir être affecté aux dépenses liées à sa campagne d'adhésion à l'OTAN.

Le rôle joué par les mass media lituaniens au cours de cet épisode fut d'une abjection exemplaire. À la veille de l'événement, la *LRT* diffusa une émission intitulée *Le Club de la Presse,* animée par un journaliste pro-gouvernemental, où la question de l'OTAN devait être "débattue". Plusieurs retraités furent autorisés à exprimer leur opposition au projet d'adhésion de la Lituanie. Ils invoquèrent notamment le coût économique pour le pays et le fait qu'une faible majorité de Lituaniens (51 %) soutenait ce projet.

Le Club de la Presse rassemblait également des parlementaires et des hommes d'affaires lituaniens partisans de l'OTAN. On évoqua la question du milliard de litas flottant qui venait d'être brutalement enlevé à l'éducation pour être réaffecté à l'OTAN. A l'issue d'une tentative de justification aussi longue qu'évasive, il fut finalement décidé qu'une partie de l'argent serait tout de même affectée à l'éducation au motif "qu'il fallait bien s'assurer que les officiers lituaniens reçoivent une bonne éducation."(!) Et lorsqu'il fut demandé à ces interlocuteurs comment ils pouvaient prétendre que la nation tout entière allait se rallier à l'adhésion à l'OTAN, un autre intervenant déclara : "Attendez un peu la fin de cette semaine de campagne promotionnelle, que les gens aient eu le temps de découvrir tous les avantages qu'ils vont tirer de cette adhésion."(!) Il ne s'attarda évidemment pas sur le fait que la seule source d'information accessible au public pour "découvrir" quoi que ce soit proviendrait des images totalement faussées et manipulatrices produites par les MMAV (avec, en l'occurrence, l'appui du secteur officiel de la culture qui avait gracieusement autorisé le Musée d'Art Contemporain à accueillir l'envahissante conférence de l'OTAN).

Pendant la semaine que dura cet événement, le quartier historique du vieux Vilnius fut totalement fermé à la circulation et investi par des patrouilles de police (*ça vous rappelle quelque chose ?*). *Lietuvos rytas,* un grand quotidien national, relaya le communiqué de la police avertissant que les forces de l'ordre prendraient toutes les mesures nécessaires à l'encontre d'individus suspects et procéderaient à l'arrachage systématique des affiches de l'opposition, ses responsables n'ayant pas obtenu les autorisations municipales nécessaires. Il y eut en définitive très peu de manifestants (une poignée de jeunes hommes et quelques femmes, tous âgés de moins de 25 ans), beaucoup moins nombreux que les jeunes entrepreneurs et retraités en costume national lituanien qui reprenaient en chœur des chants patriotiques et des slogans enthousiastes en faveur de l'OTAN (tous prêts à n'importe quoi pour évacuer les Russes et faire place au capitalisme). La police autorisa les deux camps à s'installer sur la place de l'ancien hôtel de ville, à 50 mètres de l'endroit où se tenait la conférence.

En moins de deux jours, les images télévisées de la manifestation avaient pris l'allure d'une fête champêtre. Des représentants du Congrès américain étaient présents qui juraient d'aider la Lituanie à rejoindre l'OTAN ; ils se frayaient un chemin dans la foule des sympathisants pour serrer des mains, avant de lancer de grands "merci à tous !" du haut de la tribune installée devant l'hôtel de ville. L'atmosphère était tellement empreinte de bonhomie, que l'on avait du mal à croire que tout cela était orchestré au nom du réarmement militaire.

Au cours de cette farce tragique, la responsabilité conjuguée des systèmes médiatique et éducatif fut parfaitement manifeste dans une nouvelle diffusée par le journal du soir de la *LTR* : une séquence d'une durée de 25 secondes dans laquelle deux jeunes manifestants déclaraient brièvement qu'ils pensaient que si la Lituanie adhérait à l'OTAN, cela pourrait déclencher une attaque de la Russie et que le pays serait mieux protégé s'il restait neutre. Ce clip était diffusé entre deux interviews sensiblement plus longues que la moyenne des informations télévisées : une déclaration de soutien à l'OTAN de près de deux minutes par le chef de la délégation lituanienne, et une présentation assez décousue de plus de 3 minutes et demie sur le rôle historique de l'OTAN par un chercheur pro-américain de l'Université de Vilnius qui démarra son soliloque en affirmant que le sentiment anti-OTAN n'était finalement qu'un stratagème de la propagande russe !

Cet exemple illustre le fait que la *LRT* avait pris une décision éditoriale spécifique pour allouer un total d'au moins 5 minutes aux positions pro-OTAN, contre 25 secondes à l'opposition. Ces 25 secondes "accordées" aux jeunes manifestants rapportaient des remarques impromptues enregistrées au beau milieu d'une manifestation; non seulement les deux partisans de l'OTAN avaient bénéficié d'un temps suffisant pour développer leur argumentation, mais ils avaient pu s'exprimer sans être parasités par des cris et des mouvements en arrière-plan. Une splendide démonstration de journalisme "objectif" !

Les gens ont parfaitement le droit de croire en l'importance du rôle de l'OTAN, en la nécessité d'un réarmement européen, si telle est leur opinion. Mais ces opinions devraient s'appuyer sur des informations sérieuses, un débat public d'envergure, ce qui n'a, hélas, absolument pas été le cas. Le public devrait pouvoir bénéficier d'un large éventail d'informations contradictoires et être encouragé à participer à de véritables forums afin que ses propres conceptions soient reprises et débattues dans les mass media. Dans le cas présent, au contraire, l'information ne fut constituée que de déclarations politiciennes grossièrement biaisées et présentées dans un emballage médiatique aussi partial que superficiel.

La presse lituanienne accoucha de sa propre version de la Monoforme : trois ou quatre lignes de réactions publiques enregistrées dans des trolleybus, toutes ou presque favorables à l'OTAN... Qu'était-il donc advenu de cette autre moitié de la population qui avait exprimé son hostilité au projet ?

Peu de temps après l'ouverture de la conférence de l'OTAN, certains journaux télévisés lituaniens annoncèrent leurs informations du soir par un montage visuel accrocheur accompagnant le thème musical d'introduction : des délégués de l'OTAN saluant une foule en liesse, serrant des mains... À la place de véritables interviews du public qui auraient permis de présenter des positions contradictoires, les diffuseurs enchaînèrent les déclarations des hauts dirigeants de l'OTAN, des dignitaires du gouvernement lituanien et de son Président. On saupoudra le tout d'interludes militaro-folkloriques : des délégués de l'OTAN admiratifs devant quatre soldats lituaniens qui traversaient à toute vitesse un champ plongé dans un brouillard artificiel de couleur rose (tous portaient sur leurs dos un buisson entier en guise de camouflage, les faisant ressembler à s'y méprendre à des figurants dans une adaptation filmée de *Macbeth*); d'autres membres de l'OTAN, accompagnés de leurs épouses, s'amusant follement lors d'une séance d'essais de tirs au fusil laser dans un camp militaire. En dépit de l'absence de tout débat public au cours de cette campagne médiatique, le nombre de partisans de l'adhésion à l'OTAN avait (selon la télévision) miraculeusement grimpé à 65%...

Annexe 8 **L'enseignement de la culture populaire**

Pour la résumer brièvement, la thèse soutenue par un grand nombre de spécialistes de la culture populaire prétend que la télévision constitue un outil de communication constructif et démocratique, non seulement par la simplicité de son langage et l'expérience commune dont les gens "ordinaires" peuvent bénéficier au travers d'émissions "populaires" largement diffusées (feuilletons et séries policières, jeux télévisés...), mais aussi par l'identification qu'elle permet avec les personnages et les thèmes évoqués.

Or, ce présupposé d'une culture populaire moteur d'une dynamique sociale authentiquement démocratique est plus que suspect, ne serait-ce qu'en raison d'un **processus** et d'une **forme** qui constituent en eux-mêmes l'antithèse absolue d'une véritable expérience démocratique.

La façon même dont nous percevons les messages de la culture populaire diffusés par les MMAV est entièrement déterminée et façonnée par la relation hiérarchique actuellement entretenue par les médias vis-à-vis du public, tant au niveau des images qui apparaissent sur l'écran que de l'interface politique et sociale entre le média et son audience. Cette relation hiérarchique est le fondement d'un processus social invisible qui n'épargne personne.

Ce processus souterrain de recadrage et la manière dont nous en sommes inconsciemment affectés, forment un code secret supplémentaire qui fausse profondément notre perception des messages véhiculés par les MMAV (un aspect de cette hiérarchie invisible réside dans le contrôle éditorial absolu dont jouissent les médias pour décider des thèmes à aborder en public ainsi que des communautés ciblées auxquelles ils choisissent de s'adresser).

Tous les messages, y compris ceux les moins sujets à controverse, sont également soumis à un autre encodage, un formatage sous-jacent et sournois : la structure rigide et hiérarchique de la Monoforme. Cette forme narrative spécifique n'a pas seulement de fâcheuses conséquences sociales. Elle a également, par sa présence hégémonique dans la quasi-totalité de la production télévisuelle et cinématographique, empêché l'émergence d'alternatives médiatiques en termes d'expériences, de processus et de relation au public.

Comme je l'ai déjà évoqué, les formes dominantes de l'éducation aux médias (l'enseignement de la culture populaire et la formation professionnelle aux médias) ont remarquablement réussi à convaincre plusieurs générations d'étudiants que les questions de processus et de formes médiatiques ou leurs implications idéologiques n'étaient pas d'actualité et que ce sujet ne constituait finalement pas un problème en soi. De nos jours, il est rare de trouver une classe de médias qui comprenne quoi que ce soit aux concepts exposés ici. Les enseignants n'abordent pas ces sujets-là (à supposer qu'ils en aient eux-mêmes la moindre connaissance...), et/ou s'assurent que les étudiants ne sont pas exposés à des idées alternatives ou des concepts critiques.

L'aspect le plus tragique de ce drame contemporain, c'est que la culture populaire est enseignée comme un modèle à suivre. De nombreux chercheurs paraissent obsédés par ce qu'ils appellent "les plaisirs esthétiques" des médias et sont (ou ont été) particulièrement fascinés par les *sitcoms*, comme en témoigne l'abondante recherche universitaire et les nombreux ouvrages qui leur sont consacrés depuis les années 1970.

Les intellectuels des médias consacrent une grande partie de leurs recherches à expliquer que les *sitcoms* et la culture populaire en général sont en réalité des expériences positives et interactives pour les spectateurs. Un intérêt médiocre est en revanche porté aux inconvénients de la culture populaire ou à l'analyse critique de son impact social.

L'un des effets dévastateurs de la culture populaire médiatique a été de stimuler les préoccupations les plus futiles d'une grande partie du public en s'attachant à susciter un maximum d'intérêt pour la vie privée et l'histoire d'individus fictifs (dans les sitcoms), de personnalités ou de célébrités du petit et du grand écran.

L'extravagante ampleur de la réaction anglaise à la mort de la Princesse Diana démontre l'impact direct de la culture populaire médiatique sur la société contemporaine.

L'un des effets additionnels de la culture populaire actuelle, à laquelle nombre d'éducateurs ont indirectement contribué, est qu'elle perdure dans sa forme la plus fruste et la plus vulgaire, sans la moindre complexité, subtilité ou pluralité. Depuis des décennies, ses codes et modes de représentation, sa forme narrative et sa thématique, sont restés figés dans des cadres strictement hiérarchiques. Marchandisation et voyeurisme demeurent ses fondements principaux. Il convient pourtant de rappeler que la culture populaire n'est pas forcément du goût de tout le monde, du moins pas dans les formes simplistes, étriquées et généralement violentes qui sont de mise aujourd'hui.

Que le monde de l'éducation aux médias soit disposé à accepter sans sourciller la dilapidation d'énormes budgets engloutis par des films dont l'unique propos est la destruction (effusions de sang, corps qui explosent, vaisseaux spatiaux qui se désintègrent sur fond d'effets spéciaux assistés par ordinateur...), constitue en soi un phénomène ahurissant. Citons parmi les exemples : **Waterworld** (150 millions de dollars), **Twister** (80 millions de dollars), **Independance Day, Dragonheart, Mission Impossible, Eraser, The Rock, Die Hard : With a Vengeance, The Long Kiss Goodnight, Pulp-Fiction, Face/Off,** etc.

La comparaison est tragique entre l'obscénité de telles dépenses et l'immense pauvreté dans laquelle se trouve plongée une si grande partie de l'humanité. Ce sujet, comme tant d'autres qui lui sont liés, n'en continuent pas moins d'être totalement ignorés par le système éducatif. Les coûts de production et de promotion de ces *navets* ultra-violents et réactionnaires fabriqués en chaîne par l'industrie mondiale du cinéma pourraient aisément nourrir, vêtir et éduquer les populations entières d'un grand nombre de pays sous-développés.

Il faut hélas fouiller nos systèmes éducatifs de la cave au grenier pour espérer trouver des étudiants en média, armés de valeurs éthiques et morales suffisamment fortes pour contrer les déséquilibres de nos systèmes de communication planétaires... Et je crains fort qu'ils ne se sentent bien seuls.

Annexe 9 **Lena Israel et le cinéma épique**

Dans un chapitre central de son livre, Lena Israel établit un certain nombre de distinctions philosophiques entre deux processus filmiques distincts : la narration anglo-saxonne héritière de la vision cartésienne du monde et "le lyrisme épique" directement inspiré des écrits de Hegel.

Lena décrit la présentation que fait Descartes du dualisme entre le corps et l'esprit et son postulat d'une relation déconnectée entre le sujet et l'objet. Descartes ne s'intéresse pas à l'interaction entre l'individu et son environnement social ; selon lui, la "vérité" personnelle est prédéterminée par la structure de l'univers des objets. Inversement, Hegel tente de dépasser ce dualisme en investissant l'individu d'un rôle actif dans le processus d'acquisition de connaissances.

Lena Israel démontre qu'en ayant recours au conflit, à son paroxysme et à sa résolution, la dramaturgie anglo-saxonne suit le credo de Descartes, et conduit le spectateur passif à travers une suite d'événements qu'il doit subir jusqu'à leur conclusion. La "vérité" est prédéterminée, et il ne peut y avoir qu'une interprétation unique. Il n'existe aucun dialogue avec le spectateur, qui n'est rien de plus qu'un "voyeur" assistant impuissant au jeu de pouvoir déterminé par la structure du film ou de l'émission télévisée.

A l'inverse, Lena établit que le potentiel non-linéaire des films "lyrico-épiques", avec leurs différents niveaux d'action parallèle, leurs chronologies aléatoires et la richesse des nuances et des ambivalences de l'interprétation, place le spectateur dans une position expérimentale totalement différente. Ici, la personne est en état de dialogue permanent avec le film. Contrairement à ce que produit la Monoforme, le public se trouve confronté à une multiplicité de choix et de décisions potentiels.

Annexe 10 **Scott MacDonald et le cinéma américain alternatif**

En 1979, un article essentiel de Scott MacDonald parut dans *Film Criticism, (Edinboro, Pa, USA, Printemps 1979)* à propos de plusieurs films, dont **Punishment Park** que j'avais réalisé en 1970. Scott MacDonald est professeur et historien, spécialiste du cinéma alternatif américain et auteur de nombreux livres qui font autorité dans leur domaine. Nous laissons de côté la section consacrée à **Punishment Park** (voir mon site Internet www.peterwatkins.lt), pour donner la parole à Scott MacDonald :

"Une étude attentive de plusieurs films récents démontre très clairement le réel danger que constitue la manière traditionnelle de rechercher chez les spectateurs une réaction uniforme. Un certain nombre de réalisateurs importants ont d'ailleurs pris en considération les différences potentielles de réaction d'un public à l'autre en produisant des films qui ne sauraient être pleinement compris et appréciés sans une profonde redéfinition, voire la suppression, d'une certaine conception "idéale" du comportement des spectateurs. **Punishment Park** de Peter Watkins, **Horizons** de Larry Gottheim, **Print Generation** de J.J.Murphy ou **Line Describing a Cone** d'Anthony McCall sont des exemples parmi d'autres, de films qui appellent de nouveaux publics constitués d'individus qui ne sauraient se satisfaire de rester sagement assis, mais veulent au contraire s'impliquer et participer. C'est à cette condition que ce genre de cinéma rendra possible l'élaboration publique d'une réponse significative aux efforts du réalisateur.

(...) Tandis que **Punishment Park** ne peut réellement être apprécié qu'en acceptant de changer quelque peu ses habitudes à l'issue de la projection, d'autres films récents peuvent, et de mon point de vue doivent, modifier l'attitude des spectateurs durant la projection elle-même. Dans le cas de films comme **Horizons** de Larry Gottheim et **Print Generation** de J.J. Murphy, j'ai pu observer que les spectateurs comprenaient et appréciaient ce qu'ils voyaient au point de se sentir autorisés à partager leurs impressions pendant la séance.

Horizons est une étonnante exploration de la campagne du Nord de l'état de New York, filmée pendant toute une année. Ce film est doté d'une si grande subtilité dans la beauté des couleurs et de la composition que l'envie vous prend de vous lover dans votre fauteuil et de laisser les images s'enchaîner tranquillement sous vos yeux. Pourtant, certains éléments de la structure complexe imaginée par Gottheim entraînent le spectateur au-delà de la simple passivité.

Au rythme des saisons, **Horizons** est structuré en quatre parties, chacune composée d'un certain nombre de plans juxtaposés et ponctuellement séparés par des bouts d'amorce colorés d'une seconde. L'été est ainsi constitué de quarante-sept paires de plans, chacune séparée de la suivante par une amorce verte. L'automne se compose de vingt-sept séquences de quatre plans séparées les unes des autres par un intervalle d'amorce rouge, et ainsi de suite.

Ces combinaisons sont rendues encore plus complexes par le fait que, pour chaque saison, les plans de chacune des séquences sont organisés de façon à "rimer" visuellement les uns avec les autres. En automne par exemple, chaque séquence rime en a, b, b, a, ce qui signifie que les plans 1 et 4 et 2 et 3 ont un ou plusieurs éléments visuels communs. Dans certains cas, ces rimes sont tout à fait évidentes ; dans d'autres elles sont si subtiles que le spectateur cherchant à identifier les rimes se trouve contraint de fixer attentivement chaque image pour s'en rappeler les moindres détails.

D'autres degrés de complexité viennent poser des défis supplémentaires aux spectateurs. À l'intérieur de chaque saison, les séquences sont agencées dans un ordre délibéré et suggestif, tandis que tout au long des quatre saisons des images spécifiques ou certains types de plans se répètent jusqu'à devenir des motifs signifiants à plusieurs niveaux.

Horizons est un film fascinant, même si on est tout seul à le regarder. Cependant, en présence d'un vrai public, il devient une expérience passionnante dans la mesure où le film incite les spectateurs à échanger librement leurs impressions pendant la séance.

Lorsque j'ai organisé des projections publiques du film dans des cadres classiques, où la norme en vigueur impose un silence quasi-religieux, je me suis aperçu que la plupart des gens, même dans le cas d'un public relativement sophistiqué, s'épuisaient bien avant la fin. **Horizons** étant un film muet, le silence lui-même devient vite oppressant. D'un autre coté, lorsque j'ai encouragé le public à échanger librement des commentaires et des réactions, la plupart des spectateurs ont trouvé l'expérience très enrichissante. Il devenait tout à fait évident que c'était la meilleure façon de révéler l'intérêt tout particulier de ce film. Il est en effet impossible de percevoir toutes les rimes et la diversité des correspondances visuelles en une seule vision et, à moins de pouvoir se procurer une copie pour la repasser en boucle, la richesse et la complexité de **Horizons** rendent ce chef-d'œuvre inépuisable.

Bien que l'interaction du public ne garantisse pas à elle seule l'identification de l'ensemble des détails et des connexions du dispositif visuel de Gottheim, plus les spectateurs sont nombreux et plus la perception du film est grande. Ainsi, et puisqu'il n'existe aucun avantage à garder le silence, excepté la satisfaction de se soumettre aux impératifs des normes culturelles classiques, il faut évidemment encourager les spectateurs à participer et à échanger ensemble.

Le film **Print Generation** de J.J.Murphy pose des questions d'un autre ordre, même si lui aussi gagne à être vu par un public réactif. **Print Generation** propose une exploration du procédé d'épreuve par contact comme fondement de l'évocation de la beauté et de la fragilité naturelles de l'existence. Pour faire ce film, Murphy réalisa durant l'été 1973 un premier court-métrage d'une minute constitué de soixante images d'une seconde. Il fit une copie contact de ce film, puis une copie de la copie, puis une copie de la copie de la copie, et ainsi de suite. Les images de chaque nouvelle génération étant forcément de qualité photographique inférieure à la précédente, après un certain nombre de copies, les images sont devenues entièrement décomposées.

Au bout de cinquante générations, Murphy a construit son film de façon à nous faire découvrir en premier lieu les soixante images en état de désintégration avancée, avant de remonter le cours des générations successives jusqu'à ce qu'apparaissent finalement, à la moitié du film, les images totalement développées. Dans la deuxième moitié, nous repartons en sens inverse, au fil des générations, pour revenir aux images du début. Moins élaborée que l'image en métamorphose perpétuelle, la bande-son accompagne cette structure de base, en suivant un déroulement inverse avec au départ, un enregistrement du ressac des vagues, puis une copie de cet enregistrement. Ce processus est répété jusqu'à ce que, à mi-chemin du film, le son devienne totalement méconnaissable. Durant la seconde moitié, le procédé est inversé.

Plus encore que **Horizons, Print Generation** tend à susciter une participation active du public. Durant les premiers enchaînements de soixante images, le spectateur ne perçoit de prime abord que de faibles taches de lumière, avant de rapidement s'accoutumer aux cycles d'une seconde annonçant la répétition récurrente d'un nombre limité d'images. De nombreuses personnes ne tardent pas à essayer de faire le compte des images, certaines à voix haute pour plus de facilité. Si les spectateurs ont été préalablement invités à s'exprimer librement pendant la projection, ils se retrouvent très vite pris dans un processus supplémentaire : essayer de deviner, image après image, ce que ce plan d'une seconde dévoilera finalement. Cette capacité interactive du public donne tout son sens au film, l'ambiguïté du visuel des premières générations offrant une large palette d'interprétations que les spectateurs s'amusent à explorer collectivement.

La participation du public n'ajoute pas seulement du plaisir à visionner **Print Generation**, elle met également en relief ses caractéristiques thématiques fondamentales. L'un des thèmes du film de Murphy, c'est que les réalités les plus importantes de notre vie sont souvent des choses simples et naturelles. On peut appréhender l'avenir comme une promesse de mystères exotiques en tout genre, mais le moment venu, nous risquons de nous apercevoir que nous devons les meilleurs moments de notre existence aux plaisirs simples que nous procurent les cycles de la nature, nos amis, nos amours, notre famille. En essayant de deviner ensemble ce que sera l'image définitive, les spectateurs mettent en scène un processus d'anticipation que la révélation finale des soixante images de fleurs, d'oiseaux, d'enfants, de paysages... viendra court-circuiter.

Dans la deuxième moitié du film, tandis que les images se désintègrent, Murphy démontre combien la mémoire est fragile. Après une douzaine de générations, il devient effectivement très difficile de se rappeler ce que représentaient les images tant attendues. En intervenant ensemble pour tenter d'échanger leurs souvenirs, les spectateurs donnent corps à l'hypothèse de Murphy selon laquelle le souvenir est tout aussi imprécis que l'anticipation et que nous ne sommes capables d'appréhender les beautés et les plaisirs de la nature que lorsque nous les avons sous les yeux.

En réalisant leurs films, Gottheim et Murphy n'avaient pas consciemment anticipé que les spectateurs s'exprimeraient durant les projections. Lorsque j'ai évoqué les réactions du public pendant les séances, tous deux m'ont cependant fait part de leur approbation, une approbation prudente, tempérée par la crainte qu'il ne s'agisse plutôt d'un signe de manque d'attention ou d'intérêt de la part des spectateurs.

À l'inverse, Anthony McCall s'est enthousiasmé à l'idée d'une participation du public lors des projections. Les films qu'il a réalisés sont d'ailleurs précisément destinés à susciter ce type de réaction. Pour faire participer son public, McCall a inventé un dispositif de projection assez inhabituel. Comme dans ses autres films de la "série des cônes", **Line Describing a Cone** n'est pas projeté dans une salle ni sur un écran de cinéma. Les spectateurs se tiennent debout ou assis dans une pièce plongée dans l'obscurité absolue. Leur regard se porte directement sur le faisceau lumineux d'un projecteur et non plus, comme cela est habituellement le cas, sur l'image projetée. La plupart du temps, un bol d'encens est placé sur le sol avant la projection, afin que la fumée renforce l'effet lumineux du faisceau. Au début, un simple rayon de lumière est diffusé à travers la pièce. Progressivement, le rayon s'élargit pour devenir la partie incurvée d'un cône vide dont l'objectif du projecteur serait le sommet et le mur antagoniste la base. À la fin du film, la partie courbe se sera développée pour former un cône achevé.

Dans le film de McCall, la volonté délibérée de faire participer le public dès les premières minutes est évidente. En effet, le faisceau de lumière ne pouvant au départ être vu que de très près, les personnes installées à distance du rayon doivent forcément se rapprocher pour l'apercevoir. Une fois installée, cette pratique participative se poursuit quasi-automatiquement.

Ainsi que le décrit McCall lui-même dans ses notes de programme : "Ici, les places que prennent les spectateurs ne sont plus équivalentes. Dans ce film, chaque position offre des perspectives différentes. Le spectateur assume ainsi une approche participative à l'événement : il peut et doit se déplacer en fonction d'une forme lumineuse qui émerge lentement. Une approche radicalement différente de l'expérience cinématographique traditionnelle et de ses "accessoires" - rangées de sièges alignés, écran géant, cabine de projection dissimulée - où les spectateurs sont tous assis passivement dans la même position tandis que les images leur sont "délivrées" et où les gens ne participent que par procuration".

Au regard des objectifs qu'il s'est fixés dans **Line Describing a Cone**, McCall peut certainement être considéré comme un cinéaste très talentueux.

Malgré une pointe de scepticisme en début de projection, les spectateurs adhèrent rapidement au principe du film. Certains deviennent très actifs et bougent d'une place à une autre pour ne rien manquer du spectacle. Bien qu'un film de trente minutes puisse paraître long pour une oeuvre aussi simple, cette durée permet précisément de développer les réactions du public, bien au-delà d'une simple reconnaissance de l'ingéniosité de McCall. Passé l'enthousiasme initial, il n'est pas rare que les gens se mettent à communiquer entre eux. Cette dynamique de groupe peut s'expliquer, en grande partie, par la difficulté de se mouvoir dans une pièce sombre et un espace limité. En se déplaçant, les gens prennent rapidement conscience qu'il faut faire attention aux autres personnes assises ou couchées sur le sol. Et ceux qui passent leurs mains à travers le cône en formation se rendent compte de l'effet produit sur les gens qui se tiennent à distance. Avant qu'un cercle parfait ne se forme sur le mur et que le cône soit achevé, les spectateurs eux-mêmes se seront rassemblés en un cercle plus intime.

Si les films de McCall sont abstraits, leur impact sur le public révèle une intention fondamentalement politique. Selon lui, les conditions de projection classiques - la rigidité de l'alignement des fauteuils, "la cabine de projection dissimulée" - constituent les équipements d'un environnement implicitement totalitaire : "Au cinéma, toute l'attention créative, critique et analytique est (la plupart du temps) entièrement dévolue à cet unique objet, ce produit, cet événement, ce moment de la vie du film, là-haut sur l'écran. On nous dit : regardez là, pas ailleurs, c'est là que ça se passe, c'est là que se situe le problème; la dialectique est circonscrite au rapport que nous entretenons avec ça. Et si nous considérions cette attitude du public comme une forme particulière de passivité ? Ce "regardez là" est un appel à votre conscience pour que vous compreniez mes problèmes, ma vision du monde et non la vôtre. En me gratifiant d'un public, les spectateurs abandonnent leur propre conception du monde, et en formant cette audience inépuisable dans toutes les sphères de la vie, que ce soit dans le domaine artistique, à l'école, au travail, dans leur vie civique et politique, ou ailleurs, ils deviennent captifs de cette habitude d'écouter les autres. C'est tout particulièrement sensible dans le domaine de l'art puisque cette forme a valeur d'exemple et que la servitude du rapport passif à l'action en sort publiquement renforcée. À de très rares exceptions près, l'art cinématographique tout entier perpétue ce format unilatéral de transmission."

À l'instar des autres films de McCall, **Line Describing a Cone** témoigne de ce besoin constant d'attirer l'attention sur les dangereuses implications sociales et politiques de nos comportements traditionnels en tant que spectateurs. Plus encore, par la mise en place de dispositifs suscitant l'initiative individuelle et l'interaction physique et affective, ses films offrent des modèles démontrant que l'initiative commune peut constituer le moteur d'un véritable changement.

Les quatre films dont il vient d'être question ici ne sont certainement pas les seuls à réclamer ou à initier un changement d'attitude de la part du public. Bien d'autres films de ces mêmes cinéastes auraient pu servir à illustrer ce débat. Les œuvres d'autres réalisateurs : **The Flicker** de Tony Conrad, **Zorns Lemma** de Hollis Frampton, **24 Frames per second, 1 to 60** de Taka Iimura, **Rolls :1971** de Robert Huot auraient également pu figurer ici.

Si nous prétendons vouloir comprendre et apprécier quelques-unes des oeuvres les plus abouties de nos cinéastes, il est primordial de réaliser que nous devons d'abord commencer par développer une plus grande implication de notre positionnement en tant que spectateurs. Sans doute continuerons-nous de rechercher les conditions de projection les plus confortables et serons-nous parfois portés à faire taire une personne qui nous dérange. Pour autant, prétendre que le calme et le silence sont les vertus cardinales du spectateur, c'est courir le risque de passer à côté d'une énorme quantité d'œuvres de grande qualité. Nous devons être conscients que si le cinéma continue à évoluer, un jour viendra où nous ne pourrons plus nous contenter de rester assis seul et en silence, en forçant les autres à faire de même. Si nous ne voulons pas que nos cinéastes nous abandonnent en chemin, il nous faut évoluer avec eux."

Annexe 11 **Changement constitutionnel**

Comme je l'ai déjà suggéré, des groupes locaux pourraient s'unir pour faire pression sur leurs gouvernements en faveur de changements constitutionnels, sous la forme présentée ici ou sur la base d'une proposition similaire émanant de réseaux associatifs.

J'ai rencontré des associations qui, sur fond de critique de la violence et du pouvoir de manipulation des médias audiovisuels, souhaiteraient censurer la télévision pour lui substituer, par je ne sais quelle intervention miraculeuse, leur propre dispositif de programmation. Je suis en désaccord avec cette position. Il me semble que ce type d'initiative est totalement contre-productif et ne vise qu'à remplacer une forme de contrôle centralisé par une autre.

Le principe fondateur de la proposition qui suit est très différent. Il prévoit un système de **choix** représentatif des processus audiovisuels. Je n'entends pas par là le choix entre regarder un film violent et éteindre le poste. Je veux parler du droit de pouvoir remettre en question l'ensemble de la production des MMAV. C'est pourquoi, je proposerais qu'au terme d'un processus de débat public, une formule équivalente à celle qui suit soit soumise à référendum au niveau national.

• Lorsqu'un certain pourcentage du public d'une commune, d'une région ou d'une nation s'exprime en faveur de changements et de choix réels dans les mass media, ce droit devrait être garanti par la loi, en complément des autres droits civiques et constitutionnels. Cela implique concrètement que si, par exemple, 23 % du public australien, norvégien, portoricain, ou canadien, votaient pour des formes alternatives de médias audiovisuels, alors 23 % de l'ensemble des fréquences hertziennes (*prime time* et journaux d'informations compris), devraient être réservés de fait à la commune, à la région ou à la nation en question. (Il ne s'agit pas ici des formes superficielles de "programmation participative", tels que les vidéos-gags amateurs, les films de famille ou de vacances, contrôlés et manipulés par des professionnels mais d'une interaction authentiquement démocratique fondée sur la création d'une télévision la plus éloignée possible de la Monoforme. Cela implique une participation publique directe, au niveau le plus local, à l'élaboration du contenu éditorial, de la forme filmique, des thèmes et des processus alternatifs ; jusqu'au droit de choisir de diffuser un écran noir, si tel est le souhait des participants).

• Lorsqu'un certain pourcentage du public d'une commune s'exprime en faveur de formes authentiquement alternatives et critiques d'éducation aux médias dans le système scolaire (par opposition au modèle dominant d'un enseignement des MMAV aux mains d'Hollywood et des professionnels - voir la section consacrée à la formation professionnelle aux médias), des ressources devraient être affectées pour leur mise en place.

Encore une fois, il convient de souligner que dans cette résolution, le **choix** n'implique pas de discrimination à l'encontre du droit des individus d'avoir accès à la culture populaire existante ou à des médias violents et manipulateurs (et à une éducation aux médias du même type). Cela n'a rien à voir avec la création de "comités de surveillance" ou la censure de documents diffusés à la télévision et enseignés dans les écoles. Cela implique en revanche, la jouissance du droit à un espace **parallèle** sur les ondes publiques, réservé à des formes et à des processus de communication alternatifs à l'intention de tous ceux qui en ressentent spécifiquement le besoin. Que les fans de la culture populaire choisissent de ne pas sortir du cadre et des créneaux de l'ordre établi ou viennent au contraire participer à des processus alternatifs, ce sera dans tous les cas l'aboutissement de leur choix personnel.

Compte tenu de la richesse et de la variété des idées, des désirs, des potentialités créatrices, des concepts politiques et des patrimoines culturels et ethniques qui fondent la diversité de nos communautés, je pense qu'il en résulterait une merveilleuse mosaïque de processus qui parviendrait probablement à réinventer la télévision et la culture populaire en tant que médium. La culture populaire actuelle (violente, hiérarchique, *marchandisée*) ne risquant pas de disparaître pour autant, la juxtaposition de ces deux formats pourrait même créer une synergie dynamique et entraîner des bouleversements encore imprévisibles.

Ainsi, lorsque je parle de **choix**, il s'agit plutôt d'une liberté qui ne s'applique pas seulement aux questions de contenus et de thématiques, mais aussi aux problèmes de formes narratives, de processus et de rapports multiples entre les mass media et le public. De jouir, en d'autres termes, du droit constitutionnel de choisir son type de relation avec les médias : **hiérarchique ou non**. Ce droit, cette liberté de choix, n'existent dans aucun pays quoi qu'en disent les déclarations d'intention de la Commission Européenne et des gouvernements.

De fait, les seules libertés constitutionnelles actuellement en vigueur dans le domaine des mass media sont celles qui donnent tout pouvoir à ces dernières pour faire ce que bon leur semble (sous prétexte de "liberté d'expression"). Le public, lui, ne bénéficie évidemment pas d'un tel dispositif de protection de ses libertés.

Annexe 12 **La Commune, problèmes et satisfactions**

J'ai déjà évoqué la nécessité pour les MMAV actuels d'expérimenter des formes et des procédés alternatifs visant à déboucher sur des moyens moins hiérarchiques pour communiquer avec le public. Je décrirai succinctement ici la façon dont nous avons travaillé sur **La Commune (Paris, 1871)**, pour tenter d'atteindre cet objectif, dans l'espoir que ces expérimentations ouvrent la voie à d'autres créations cinématographiques et télévisuelles alternatives qui contribueront à remettre en cause la Monoforme et affronter les défis qu'elle soulève.

Globalement, notre *processus* se caractérise par une implication permanente des "acteurs" aussi bien dans les préparatifs du film que pendant son tournage, et les prolongements impulsés par certains des participants une fois la réalisation achevée.

Notre *forme* se distingue par l'utilisation de longs plans-séquences et la durée tout à fait inhabituelle du film, tel que nous l'avons développé au montage. Ce qui est important, en particulier dans un film comme **La Commune**, c'est le fait que la "forme" et le "processus" se confondent : la forme permet au processus de se développer, mais sans processus, la forme en elle-même n'aurait aucun sens.

Avant le tournage, nous avons demandé aux acteurs de mener leurs propres recherches sur cet événement de l'histoire française. La Commune de Paris a toujours été un sujet occulté par le système éducatif français, bien qu'elle représente un moment particulièrement significatif de l'histoire de la classe ouvrière européenne (ou peut-être à cause de cela). Lors de notre première rencontre, la plupart des participants ont avoué qu'ils ignoraient presque tout de cette période.

Leur participation directe à nos recherches sur la Commune de Paris fut un élément d'autant plus important que cette expérience mettait en relief l'incapacité du système français actuel d'offrir à ses citoyens un véritable processus participatif et démocratique.

À cet égard, il est clairement évident que le système éducatif français ne remplit pas son rôle : la marginalisation de la Commune de Paris n'est que l'un des aspects d'un problème infiniment plus vaste, et corollaire d'une absence quasi-totale d'éducation critique aux médias.

Les recherches effectuées par les acteurs pendant les mois qui ont précédé le tournage, sont venues compléter plus d'une année d'investigation approfondie menée par notre propre équipe de recherche (dirigée par Agathe Bluysen et Marie-José Godin, avec Laurent Colantonio, Stéphanie Lataste et Laure Cochener, en collaboration avec des historiens éminents, tels que Alain Dalotel, Michel Cordillot, Marcel Cerf, Robert Tombs et Jacques Rougerie).

Notre travail nécessita une étude aussi large que détaillée d'une multitude d'aspects de la Commune et de cette période de l'histoire de France : personnalités de la Commune et du gouvernement versaillais; débats à l'Hôtel de Ville et à l'Assemblée Nationale; rôle des femmes, de l'Église catholique et de son système éducatif; problèmes sanitaires, d'eau potable et d'éclairage; uniformes militaires de l'époque;

musique et chansons populaires...

À une étape plus avancée de ces recherches, les acteurs constituèrent différents groupes en fonction de leurs rôles (l'Union des Femmes, les bourgeois opposés à la Commune, les soldats de la Garde Nationale, les officiers et les soldats de l'armée versaillaise, les élus de la Commune...), pour débattre de l'histoire des personnages qu'ils interprétaient, et pour réfléchir aux liens existant entre les événements de la Commune et la société contemporaine. Nous demandions ainsi aux acteurs de contribuer directement au récit de leur propre histoire, au lieu de nous contenter de la méthode habituelle, hiérarchique et simpliste, de la télévision et du cinéma. Et ce fut un aspect central du processus de notre film.

Pendant le tournage lui-même, les acteurs furent également invités à vivre une expérience collective : un débat permanent (entre eux, avec moi, et avec les membres de l'équipe d'Agathe

Bluysen) permettait de déterminer leur désir de parole, ce qu'ils pouvaient ressentir et comment ils pensaient devoir réagir aux événements de la Commune que nous allions filmer. Parallèlement, Marie-José Godin fut chargée de "former" nos deux prêtres, les jeunes filles qui interprétaient les élèves de l'école catholique de la rue Oberkampf, et les religieuses qui les encadraient.

Le fruit de toutes ces discussions fut inséré (ou émergea spontanément) dans les longs plans-séquences, filmés dans le strict respect de l'ordre chronologique des événements de la Commune.

La plupart des acteurs apprécièrent cette méthode de tournage qui offrait, dans le cadre d'une démarche collective, l'expérience d'un processus constructif et évolutif contrastant avec la pratique fragmentaire usuelle consistant à tourner de brefs plans hors de toute continuité chronologique. Cette méthode, ne ressemblant en rien à la planification et à l'écriture minutieuse des scènes et des dialogues qui caractérisent la plupart des tournages, fut globalement vécue par les acteurs comme une expérience passionnante et stimulante.

Par ce processus, les acteurs pouvaient librement improviser, changer d'avis, réagir sur le vif aux discussions filmées... Pour un grand nombre d'entre eux, ce procédé, dynamique et fondé sur l'expérience vécue, les forçait à abandonner poses et artifices pour affronter en temps réel leurs propres interrogations sur la société contemporaine.

Dans certaines scènes, le film prend une **forme** entièrement différente : parfois, la caméra est statique (à l'exception de quelques légers déplacements à gauche ou à droite), lorsqu'elle enregistre les discussions animées au sein des différents groupes de Communards (les acteurs parlent entre eux, sans l'intervention du réalisateur ou de la télévision communale) ; ces séquences, de près de 30 minutes chacune, furent tournées sans autre interruption que celles imposées par les changements de bobines. Des plans qui se retrouvent notamment dans les scènes suivantes : au café, où les ouvrières de l'Union Des Femmes (UDF) débattent de leurs projets coopératifs pour 1871, avant que leur conversation ne glisse vers la condition de la femme d'aujourd'hui ; devant le canon, lorsque les soldats de la Garde nationale s'opposent sur les avantages et les inconvénients de se doter d'un pouvoir centralisé en pleine révolution.

Qu'il s'agisse de scènes statiques ou animées, la caméra évite généralement les gros plans sur un seul individu au profit de cadrages associant deux ou trois personnes. Cette esthétique visuelle, associée au débat permanent provoqué par les participants, favorise l'émergence d'une *dynamique de groupe* plutôt rare dans les médias actuels.

Centralisateur ? Collectif ? Ou les deux ?

Si cette méthode de travail est passionnante, elle est également, autant se l'avouer, extrêmement difficile. Plus je prenais conscience de la dynamique libératrice que je provoquais, plus je me rendais compte des pratiques hiérarchiques et de l'autorité personnelle que je contribuais à renforcer. En fait, ma prise de conscience de ces contradictions ne s'est pas opérée aussi facilement que je le laisse entendre. Cela m'est d'ailleurs probablement impossible, tant j'ai pu être insidieusement mais profondément contaminé par ma propre formation de cinéaste et mon exposition prolongée aux pratiques hiérarchiques dominantes des MMAV.

L'affaire se corsa d'autant plus lorsque, par manque de moyens financiers, nous fûmes obligés de boucler le tournage de ce film en 18 jours seulement (on sait qu'un long-métrage classique nécessite entre trois à six mois de tournage). Les tensions et les angoisses inévitables que cela entraîna étaient susceptibles de contrecarrer les meilleures intentions du monde.

Dans le même temps, j'avais décidé de préserver certaines pratiques hiérarchiques (y compris le fait d'être un réalisateur qui contrôlait l'ensemble) pour vérifier leur éventuelle capacité à se mélanger à un processus plus libérateur et marier de ce fait deux types de créativité : la version solitaire et égoïste d'un côté et le modèle ouvert et pluraliste de l'autre.

Indéniablement, de nombreux acteurs perçurent les tensions créées par l'opposition entre les idéaux et la pratique. La plupart s'en accommodèrent, mais pour certains, ce fut moins facile. Quelques acteurs, en particulier, trouvaient que le tournage de certains plans-séquences avait quelque chose d'inhibiteur, voire même d'agressif.

La plupart des séquences incriminées concernaient celles où l'équipe de la Télévision Communale (Gérard Watkins et Aurélia Petit) se déplaçait le micro à la main pour enregistrer en son direct les événements de la Commune. Pour certains acteurs, la présence de ce micro (parfois brandi devant eux et aussitôt retiré sans qu'ils aient eu le temps de développer leurs propos) fut vécue comme une contrainte frustrante. De leur point de vue, cette façon de filmer limitait la libre expression des idées qui avaient émergé des discussions collectives préparatoires. Je comprends d'autant mieux cette critique qu'elle est en rapport direct avec les problèmes découlant des pratiques de la Monoforme décrits précédemment.

Il ne fait aucun doute que, par certains aspects, le rôle de la TV Communale et la technique de tournage de certains plans-séquences ressemblaient aux "raids éclair" et autres télé-trottoirs de la télévision actuelle. Et j'avoue que, sous la pression du tournage, j'ai négligé les aspects négatifs de ce processus, notamment son effet fragmentaire. En vérité, cette question est très complexe ! Quand je repense au tournage de **La Commune**, il m'est difficile de déterminer précisément les causes de mon inattention : la tension due au tournage, l'influence des pratiques professionnelles dominantes, ou mon choix délibéré de laisser certains problèmes potentiels se développer pour explorer un processus collectif jusqu'à son terme... au risque de ne pas toujours tenir compte de la diversité des besoins personnels en termes d'espaces d'expression. Je voudrais m'attarder un peu sur cette notion qui peut paraître contradictoire, car malgré tous ses défauts, je crois que le procédé des longs plans-séquences de **La Commune**, porte en germe d'importantes potentialités pour l'avenir de la communication audiovisuelle.

Il est vrai qu'une caméra qui ne fait que passer peut donner l'impression et se vivre comme une contrainte, surtout si l'on se place du point de vue de l'individu qui se trouve sur son chemin. Toutefois, ce processus apparaît sous un tout autre jour si on se place du côté des spectateurs ou d'un groupe d'acteurs : les répliques individuelles qui s'enchaînent au cours d'un long plan-séquence nous semblent alors former au contraire *un tout collectif*. Je pense que cette conception de l'expression collective est extrêmement importante, tout en restant conscient des risques de fragmentation qui l'accompagnent.

Pour moi, la tension et - je l'avoue - le plaisir liés à ce dispositif de tournage de **La Commune** tenaient au fait de mettre les acteurs (et moi-même) à l'épreuve. De profiter pleinement de ces quelques jours, comme d'une opportunité unique pour nous dépasser en exprimant spontanément mais collectivement des sentiments qui venaient du fond de l'expérience personnelle, expression qu'avait facilitée la préparation collective du tournage.

Je me rends bien compte que le grand nombre de participants qui, pour beaucoup d'entre eux partageaient le désir de s'exprimer (dans un film plus traditionnel, la plupart auraient été relégués à des rôles de simples "figurants" silencieux) a limité parfois le temps de parole accordé à chacun. Mais je crois que ces contraintes ont pu être compensées par les séquences consacrées à l'expression individuelle autant que par la durée totale du film. Si l'un des objectifs de **La Commune** était de présenter une voix collective, il me semble que ce tournage a été une réussite, pour un résultat final assez unique dans l'univers actuel des MMAV.

Si nous avons pu privilégier à ce point les longs plans-séquences, y compris au stade du montage, c'est aussi parce que les passages de la caméra n'avaient pas comme seule conséquence une fragmentation de la parole. En examinant attentivement ces séquences, on constate que, très souvent, Gérard et Aurélia s'approchent d'un groupe, lui posent une question, puis se retirent pendant que naît une discussion entre les membres du groupe ; ainsi, la technologie est employée ici dans le but de faciliter la communication entre les gens. Je trouve pour ma part ces moments passionnants. Souvent spontanés, ils démontrent à quel point **La Commune**, tout en donnant l'impression d'employer une technique proche de la Monoforme, s'en écarte radicalement.

Cependant, d'autres aspects du film (sa conception, l'utilisation de certaines techniques filmiques, la forme donnée par le montage) possèdent bel et bien un caractère centralisateur. Le fait d'essayer de développer des formes et des méthodes audiovisuelles alternatives ne m'empêche pas de reconnaître que, sur certains plans, je m'appuie toujours sur des pratiques hiérarchiques traditionnelles. D'aucuns prétendront que cela est inévitable, que le processus créatif ne peut naître en-dehors d'une matrice principale directive. Contentons-nous de leur rappeler à quel degré extrême les MMAV ont poussé cette logique dans le sens d'un rapport outrageusement hiérarchique entre le producteur et le spectateur. Mon opinion est que **La Commune** peut offrir autant d'exemples de formes égocentriques que de formes ouvertes et pluralistes.

Tout l'intérêt de ce film est de susciter, dans les associations, sur les lieux de travail et dans les salles de classe, une discussion ouverte à partir de questions qui rejoignent directement l'urgence d'un débat sur les médias et la mondialisation. Si une critique des pratiques employées dans ce film peut contribuer à un tel débat, tant mieux !

Annexe 13 **Rebond pour la Commune**

Tout au long de mes années de travail en tant que réalisateur, je n'ai cessé d'explorer de multiples façons l'utilisation du support audiovisuel pour briser le système hiérarchique et mono-linéaire des mass media dominants et faire émerger d'autres niveaux de communication que le simulacre fragmentaire et contraignant imposé par la télévision et le cinéma traditionnels. C'est dans ce contexte que je fonde l'espoir que mon travail puisse, d'une façon ou d'une autre, faire exploser le cadre normatif du petit et du grand écran. Je dois parfois donner l'impression de prendre mes désirs pour des réalités, et je sens par moments la désillusion me gagner. Certains événements de la vie parviennent cependant à me convaincre que le combat vaut la peine d'être mené comme ce fut le cas avec la création d'une association par un groupe de participants au film **La Commune**.

Plusieurs mois après le tournage, certains membres du casting ont continué à se réunir régulièrement, à organiser des soirées en commun, à échanger des idées. Jean-Marc Gauthier, "acteur" dans le film mais aussi peintre et enseignant, a eu l'idée de créer un collectif intitulé **Rebond pour La Commune** (www.lerebond.org), dans le but de poursuivre un processus dont le film n'était que le commencement, en approfondissant et en élargissant les idées, les thèmes et le débat soulevés pendant le tournage.

En mars 2000, **Rebond pour la Commune** organisa à Montreuil un week-end de rencontres et de débats publics. Près de 300 personnes participèrent à des présentations et à des discussions sur les médias, le rôle des femmes, la démocratie directe, et d'autres sujets majeurs évoqués dans le film ; l'histoire de la Commune de Paris servant de fil conducteur à l'ensemble des événements et des débats du week-end, de passerelle entre le passé et le présent. **Rebond pour la Commune** constitue sans doute l'aboutissement le plus important de tous les processus de tournage de mes films et démontre clairement que nous pouvons développer un processus au sein des médias audiovisuels pour nous libérer entièrement des contraintes qui nous sont imposées.

Rebond pour la Commune a organisé de nombreuses projections du film et toute une série de débats publics autour des questions soulevées par la Commune. Sa mission première n'est donc pas tant de distribuer le film, que de diffuser le processus qu'il a enclenché.

Dans son texte fondateur, Rebond pour la Commune décrivait ainsi ses motivations et ambitions : "Face aux difficultés rencontrées par la distribution d'une oeuvre d'une telle envergure, (la censure insidieuse de sa diffusion à la télévision par *Arte* et son refus de distribuer une version VHS, la marginalisation du film, le refus des distributeurs français d'organiser une sortie en salles, le silence médiatique...) l'association Rebond s'est également interrogée sur sa capacité de prolonger le processus de résistance et de participation au-delà du film et dans la durée. C'est la raison pour laquelle des participants à La Commune mais aussi certains "spectateurs" ont décidé de se réunir pour accompagner la diffusion du film en proposant des débats et des interventions, témoignages de la richesse et de l'originalité de cette démarche créative, politique, humaine et collective. Les membres de Rebond (acteurs du film, militants, artistes, historiens...) se proposent de partager leurs expériences et leurs réflexions pour que le film soit l'occasion d'une réelle rencontre entre un mouvement de paroles et des images en mouvement. Notre association se donne aussi comme mission de développer l'interaction à la base en réinvestissant les espaces publics propices à la discussion, à la réflexion et à la critique, contre les abus perpétrés par les médias dominants. Libérer la parole, avec ou sans l'aide des institutions... Une vision ***grand-angle*** plutôt que ***télé-objective***."

Postface

La censure n'est plus ce qu'elle était : de *La Bombe* (1965) à *La Commune* (1999)

En 1965, Peter Watkins réalise *La Bombe*, son deuxième film professionnel produit par la *BBC*, qui met en scène les conséquences d'une attaque nucléaire sur l'Angleterre. Sur pression des plus hautes autorités du gouvernement de l'époque, la *BBC* décide non seulement de suspendre la programmation du film sur son antenne, mais impose la même interdiction de diffusion à l'ensemble des télévisions de la planète. Une censure qui ne sera levée qu'en 1985. Préférant l'exil volontaire à la marginalisation médiatique qui se développe contre lui dans sa propre patrie, Peter Watkins parcourt le monde avec ses projets (dont quelques-uns seulement seront miraculeusement réalisés), sans jamais réellement parvenir à se débarrasser de sa réputation de réalisateur paranoïaque, quoique talentueux, et que tout professionnel sérieux des médias se devait d'éviter comme la peste.

En 1999, *Arte*, la chaîne publique franco-allemande, en partenariat avec *13 Productions*, une société appartenant à un marchand de canons (elle est détenue à au moins 80 % par le groupe *Lagardère*) produisent une imposante fresque de 5 h 45 sur l'un des sujets les plus occultés de l'histoire française : La Commune (Paris 1871). Le 13ème film d'un réalisateur qui a pourtant consacré l'essentiel de son oeuvre au combat contre la militarisation de la planète et la dérive totalitaire des mass media audiovisuels en général et de la télévision (privée ou publique) en particulier.

On pourrait s'arrêter là, et rejoindre la meute des commentateurs satisfaits, qui y verraient certainement une preuve supplémentaire de l'avènement d'une nouvelle ère audiovisuelle où les médias auraient tourné le dos à la bienséance imbécile et la censure politique étatiste pour embrasser la cause du pluralisme, de l'ouverture d'esprit, voire même de l'autocritique (à l'image des quelques émissions de pseudo-analyse des médias à la télévision). Sauf à croire que la démocratie médiatique se mesure à l'aune du nombre de chaînes accessibles au public au travers des bouquets numériques du câble et du satellite, il n'en est bien évidemment rien. Mais il est vrai que les temps ont changé. Et que désormais, les diffuseurs **sont** les décideurs. De moins en moins les politiques. Le monde de la communication n'a pas échappé, bien au contraire, aux phénomènes de concentration économique et de libéralisation forcenée qui ravagent l'ensemble de la planète. Dans ce registre, nul besoin d'OMC ou d'AGCS pour forcer la marchandisation culturelle. Il s'agit ici de défendre un principe démocratique éprouvé et conforté par l'audimat : donner aux spectateurs ce qu'ils veulent, en leur offrant le plus grand "choix" possible. L'exemple qui va suivre donne une idée du chemin parcouru.

L'accueil réservé aux deux films de Peter Watkins, *La Bombe* et *La Commune*, constitue, en effet, un point de départ intéressant en ce qu'il présente des éléments concrets d'interprétation comparative pour mesurer l'évolution, pour ne pas dire la métamorphose du contexte socio-politique et du monde médiatique, ces quarante dernières années. Une comparaison d'autant plus instructive qu'elle concerne des productions télévisuelles qui, outre le fait qu'elles sont l'œuvre du même réalisateur, présentent des similitudes révélatrices d'un changement des modes de censure à la télévision au cours des dernières décennies.

Les points communs

Les deux films ont été produits par des chaînes publiques sur proposition d'un scénario original du réalisateur.

La Bombe a été produit par la *BBC*, organisme public britannique de radio-télédiffusion jouissant d'une solide réputation d'indépendance et de sérieux pour la qualité de ses programmes, et notamment de son unité documentaire.

La Commune a été co-financé par *Arte*, chaîne publique européenne (créée par décision politique dans le cadre de la réconciliation franco-allemande, *Arte* est, en termes de diffusion, plus française qu'allemande puisqu'elle n'est disponible chez nos voisins que sur le réseau fort encombré du câble). Une chaîne reconnue internationalement comme le bastion de la création audiovisuelle et de la culture, le principal diffuseur et producteur du "cinéma d'auteur" et du "documentaire de création".

Ces deux films ont également subi diverses formes de censure de la part des chaînes publiques qui les ont financé.

La Bombe a souffert d'une interdiction mondiale de diffusion à la télévision durant près de 20 ans.

Plus subtilement, *Arte* a décidé de ne diffuser *La Commune* qu'une seule fois (contrairement à sa pratique habituelle de multiprogrammation) et dans son intégralité (5h45), à un créneau horaire déterminé pour que l'ensemble des questions contemporaines contenues dans le film (les sans papiers, la mondialisation et surtout la critique des médias) ne soient visibles (si l'on peut dire) que par des somnambules chroniques et des veilleurs de nuits, entre 1h et 4 h du matin. Arte abandonna également l'édition initialement prévue du film en cassette VHS ainsi que du livre qui devait l'accompagner (un opuscule intitulé *La Commune de Watkins, l'aventure d'une création,* signé Thierry Garrel, responsable de l'unité documentaire d'Arte, et qui devait originalement accompagner une exposition sur La Commune qui s'est tenue en 2000 au Musée d'Orsay à Paris).

Dans les deux cas, ces films sont parvenus à trouver une seconde vie hors des circuits télévisuels traditionnels.

L'opposition à l'interdiction de **La Bombe** et l'accueil favorable de la critique internationale (couronné par un Oscar du meilleur film documentaire en 1966) contraignirent la *BBC* à autoriser la sortie du film en salles, ce qui permit ultérieurement une très large diffusion, notamment dans les circuits associatifs et non-commerciaux, les ciné-clubs et les réseaux militants pacifistes.

La marginalisation de *La Commune* par *Arte* entraîna la création d'une association, *Rebond pour la Commune,* à l'initiative d'acteurs et de techniciens impliqués dans le film, qui parvint à le faire circuler dans les salles indépendantes et les réseaux alternatifs du monde entier (squats, festivals, comités d'entreprise, mouvement social, etc.), et contribua à la sortie du film en cassette VHS et en DVD (janvier 2003).

Les motifs officiels invoqués pour justifier les mesures restrictives prises à l'encontre des deux films concernaient dans les deux cas leurs qualités artistiques et créatives.

Un volet important de l'argumentaire justifiant l'interdiction de *La Bombe* portait sur le "caractère horrifique" du film et le danger que sa diffusion représenterait pour "les enfants, les personnes âgées et les déséquilibrés mentaux". Mais la *BBC* utilisa pareillement l'arme de la dévaluation artistique, en déclarant dans une lettre ouverte : "Ce projet comporte un aspect expérimental, comme c'est souvent le cas dans les production télévisuelles. De tels programmes expérimentaux échouent parfois et doivent être mis de côté à l'un ou l'autre des stades de la production, quelles que soient les dépenses engagées. Ils constituent néanmoins un aspect essentiel du développement de la télévision, et de tels échecs sont le prix à payer pour que de nouvelles formes et de nouveaux sujets investissent la sphère télévisuelle."

Bien que dans le cas de *La Commune,* aucune déclaration officielle n'accompagna le choix de l'horaire de programmation plus que tardif (le directeur d'*Arte* répliqua au courrier de protestation du réalisateur en arguant "que la nature de l'œuvre imposait ce type de diffusion"), les responsables d'*Arte* ont eux aussi invoqué des critères artistiques à l'encontre du film. Peter Watkins rapporte de ses confrontations personnelles avec les cadres de la chaîne "qu'ils laissaient entendre que leur manque d'enthousiasme à diffuser *La Commune* tenait au fait qu'il était inachevé ou nécessitait *une structure plus compacte,* et qu'il s'agissait donc d'un échec sur le plan artistique." Citons Peter Watkins qui évoque en ces termes sa conversation avec Thierry Garrel: "Comme le responsable d'*Arte* me l'a laissé entendre avec une certaine condescendance, *il existe certaines règles du montage qu'il est nécessaire de suivre pour aider les spectateurs*, ajoutant même d'un ton dédaigneux : *Vous comprenez, n'est-ce pas, que vous n'avez pas atteint les objectifs que vous vous étiez fixés ?*"

Les différences

Les décisions prises par les instances dirigeantes des deux chaînes n'ont certainement pas entraîné le même niveau de réactions publiques.

D'un côté, l'interdiction de 1965 a suscité un large débat public sur les motifs et la légitimité de la décision prise par la *BBC*. La polémique a fait la une de l'ensemble de la presse nationale qui s'interrogeait sur les choix de la *BBC*, tout en prenant ouvertement position pour ou contre l'interdiction. Des débats télévisés ont eu lieu ainsi qu'une manifestation nationale qui rassembla plusieurs milliers de personnes en faveur de la diffusion de *La Bombe*. Le gouvernement fut même interpellé à la Chambre par un député travailliste sur la question de son éventuelle interférence dans le cadre d'une institution réputée indépendante (si à l'époque, le gouvernement et le responsable de la *BBC* ont nié ce fait, les archives récemment exhumées démontrent au contraire leur collusion dans cette affaire). Peter Watkins, qui déclencha la polémique publique en divulgant dans la presse la décision de la *BBC* de censurer son film, n'était alors qu'un jeune réalisateur de 27 ans, totalement inconnu, qui réalisait là son deuxième film pour la télévision.

En 2000, lorsque la chaîne publique et culturelle *Arte* décide l'enterrement nocturne d'un film qu'elle a elle même co-financé (à concurrence de la moitié des 7 millions de francs du budget total), Peter Watkins est désormais internationalement reconnu comme le réalisateur d'au moins 3 ou 4 films essentiels de l'histoire du cinéma et du documentaire. La sortie de son film *La Commune* fut d'ailleurs largement annoncée dans la presse bien avant son achèvement, à la faveur d'articles importants parus dans des journaux de la presse généraliste ou spécialisée (*Télérama, Monde Diplomatique...*). Comme en 1965, Peter Watkins déclenche une campagne médiatique en écrivant à plus de 30 publications, agences de presses, et groupes audiovisuels, pour dénoncer tout à la fois les pressions subies en vue d'obtenir le re-montage de son film, et le refus d'*Arte* d'envisager ne serait-ce qu'une diffusion du film en deux ou trois parties, fut-ce même hors *prime-time*.

Ce courrier adressé à l'ensemble de la presse ne donna lieu à aucun article ou simple esquisse de débat, ni même à la moindre réponse de la part des responsables éditoriaux ou des journalistes directement interpellés. La diffusion de *La Commune* le 26 mai 2000 provoqua bien la parution de nombreux articles dans l'ensemble de la presse (quotidiens, hebdomadaires et mensuels), dont certains extrêmement élogieux, mais, à l'exception notable d'une brève allusion dans le journal *L'Humanité*, aucun d'entre eux ne s'interrogeait sur le choix d'*Arte* de présenter les événements de "La Semaine Sanglante", soit l'un des épisodes les plus marquants et les plus marginalisés de l'histoire de France, à 3 h 30 du matin !

En septembre 2000, lors d'un débat sur l'avenir du service public à la télévision, organisé dans le cadre de la *Fête de L'Humanité*, lorsque le représentant d'Arte fut sommé de s'expliquer par un membre de l'association *Rebond pour la Commune*, l'ensemble des producteurs et réalisateurs présents (pourtant auto-proclamés "indépendants et militants") prirent assez lâchement la défense d'*Arte* en avançant l'idée que "d'autres réalisateurs ne bénéficiaient même pas d'une chance de diffusion." (Soit la transposition hypocrite du slogan "si t'es pas content, il y en a des milliers d'autres qui attendent" qui pèse sur les infortunés chômeurs et autres précaires du monde du travail). Les responsables directs de la production de *La Commune* n'ont cependant pas eu à pâtir de leur manque d'ardeur à défendre un film qu'ils avaient eux-mêmes financé et publiquement soutenu. Paul Saadoun (*13 Productions*) n'a toujours pas trouvé de distributeur capable de financer le tirage d'une copie film de la version cinéma de 3h30, près de 5 ans après sa réalisation (il est désormais question que le film bénéficie d'une sortie limitée en salle sur support vidéo). Difficile de savoir si ce relatif désintérêt est à mettre sur le compte de ses critiques de *La Commune* ou sur une stratégie pragmatique de conciliation avec Thierry Garrel et *Arte*, principaux commanditaires et diffuseurs des films produits par *13 Productions*. Quoi qu'il en soit, Paul Saadoun s'est tout de même vu attribuer par la *Procirep* une mention spéciale dans le cadre du 7ème prix du producteur français de télévision en récompense "d'une politique de production qui se fonde sur une relation privilégiée avec les auteurs." (avec une mention spécifique pour *La Commune* au titre des productions prises en compte pour l'attribution de cette distinction).

Pour Thierry Garrel, qui n'est sans doute pas le membre de la famille Garrel dont l'histoire du cinéma retiendra le nom, la "censure" de *La Commune* n'empêcha pas non plus la kyrielle d'articles dithyrambiques qui lui sont régulièrement consacrés. Une rétrospective sobrement intitulée "Hommage à Thierry Garrel" lui fut même consacrée l'année suivante au Musée du Jeu de Paume où l'on pouvait notamment voir une exposition de photos célébrant "30 années de compétence au service du documentaire, pour lequel il n'a jamais hésité à prendre des risques."

Comment expliquer une telle évolution ou plutôt un tel recul ?

D'aucuns n'y verront bien sûr que le reflet d'un contexte politique assurément très différent, si l'on compare une conjoncture de forte mobilisation pacifiste dans les années 1960 sur les dangers de la course aux armements, et le considérable reflux actuel sur le terrain de l'engagement et du combat politique. Encore que cette analyse puisse être nuancée compte tenu des nouveaux domaines de lutte qui ont récemment ébranlé le paysage politique contemporain et drainé de fortes mobilisations, en particulier chez les plus jeunes : manifestations contre la guerre, luttes des "sans" (sans travail, sans logis, sans papiers) anti ou alter mondialisation... Autant de thèmes qui sont d'ailleurs au cœur du dispositif filmique de *La Commune* (non seulement par la nature des sujets traités mais également par la participation active de membres d'associations engagées sur le front des luttes du mouvement social : *Droit au Logement, Mouvement National des Chômeurs et des Précaires, Droits Devant !!*, pour n'en citer que quelques-uns.)

La différence fondamentale est probablement ailleurs.

En 1965, l'interdiction visait aussi et surtout le contenu politique du film (par-delà la rhétorique officielle de responsabilité vis-à-vis de spectateurs susceptibles d'être pris d'une panique similaire à celle déclenchée par Orson Welles lors de la diffusion radiophonique de la *Guerre des mondes*). Nous savons aujourd'hui que cette censure était l'œuvre directe de ce qui était alors clairement désigné comme l'ennemi N°1 de la liberté par les créateurs et les artistes indépendants de la télévision : l'Etat. Les équivalents français furent d'ailleurs légion à la belle époque de l'ORTF (*Les CRS vous parlent, Radio De Gaulle,* etc.).

En 2000, la forme de censure qui frappe *La Commune* n'est plus, à l'évidence, à mettre sur le compte du contenu politique du film. Bien sûr, l'histoire de la Commune et la critique radicale des médias ne sont guère des sujets très appréciés par les cadres de l'industrie audiovisuelle. Pourtant, des espaces minoritaires de programmation fonctionnant comme des soupapes de sécurité ou plutôt des "témoins autorisés" d'auto-légitimation du caractère prétendument démocratique du paysage audiovisuel, ont toujours trouvé leur place, précisément sur les créneaux adaptés d'une chaîne comme Arte. Nous savons bien à présent que l'ennemi principal de la liberté et du sens critique à la télévision n'est plus l'Etat en tant que tel mais les multinationales privées qui contrôlent désormais l'audiovisuel planétaire, à l'image de ces anciens soixante-huitards qui s'opposaient jadis à une télévision aux ordres du pouvoir politique et qui manifestent maintenant pour la défense du secteur audiovisuel public. Ce qui rend d'autant plus grotesques les déclarations des "professionnels de la profession", en particulier des responsables de chaînes (sans parler des journalistes vedettes), lorsqu'ils invoquent sans rire "les années de plomb de l'*ORTF*" pour vanter en retour les incomparables progrès de la liberté dans la sphère audiovisuelle en matière de créativité artistique et d'indépendance politique.

Comment comprendre cette "censure" de la part d'une chaîne publique à vocation culturelle, sans publicité, ni pressions marchandes particulières ?

Au-delà du contrôle des moyens de communication en tant que levier de pouvoir principal (la politique étant reléguée en dernière place, très loin derrière l'économique qui lui-même englobe la communication), les dirigeants de la planète et les hommes des médias à leur solde ont également imposé un langage et un formatage audiovisuel universel qui affecte tous les vecteurs et tous les contenus pour s'imposer impitoyablement à l'ensemble des programmes télévisuels ou cinématographiques du monde.

En réalisant *La Commune*, Peter Watkins ne se contente pas de refuser de se soumettre à la "Monoforme". Par le processus créatif et politique qu'il parvient à engager avec ses "acteurs" et son "public", le réalisateur démontre concrètement, à son échelle, et sans user d'un quelconque alibi pseudo-artistique ou militant, qu'un autre mode de communication audiovisuelle est possible. Ce n'est peut-être pas suffisamment menaçant pour susciter l'envoi des troupes Versaillaises, mais ç'est assez dérangeant pour que les professionnels s'en défient... Et d'ailleurs, où sont les Versaillais d'aujourd'hui ?

Comme le proclame l'une des "actrices" de *La Commune* : "Les Versaillais, on ne les voit plus, ils sont partout, il n'est plus possible de se battre comme les Communards, derrière des barricades". Peter Watkins en sait quelque chose, lui qui a découvert de manière totalement fortuite, quatre ans après la réalisation de son film, que *La Commune* avait été financé par le groupe *Lagardère*, un groupe spécialisé dans la vente de missiles, d'hélicoptères d'assaut et autres armes de destruction plus ou moins massives. Cruelle ironie pour un auteur ayant consacré autant d'énergie et plusieurs films majeurs (dont *Le Voyage*, son oeuvre monumentale de 14 h30 pour la paix dans le monde) à la dénonciation des lobbies militaro-industriels.

Mais l'épilogue de cette histoire nous offre un ultime aperçu de l'exemplaire résistance de Peter Watkins. En effet, là où les plus intègres se seraient contentés de dénoncer un fait accompli et de jurer qu'on ne les y reprendraient plus (Watkins n'aurait évidemment jamais accepté de travailler pour *Lagardère* en connaissance de cause), le réalisateur pousse plus loin le refus des complicités et des compromissions. Dans la perspective probable de la sortie d'une version courte de *La Commune* en salles, il pose ses conditions : le film devra être précédé d'une déclaration filmée (non montée) d'au moins cinq minutes, où il aura tout loisir de dénoncer ce monde opaque soumis aux appétits voraces d'intérêts monopolistiques tentaculaires et les liens malsains et occultes qui pervertissent le champ culturel. A l'heure où j'écris ces lignes, cette nouvelle version achevée, un distributeur vient de s'engager à la diffuser. Et même si la nouvelle version de *La Commune* n'est distribuée qu'un jour par mois à 9h15 dans une salle de banlieue, on pourra voir, probablement pour la première fois dans l'histoire du cinéma mondial, un film qui démarre par l'interview d'un cinéaste qui répudie les hommes et les institutions qui l'ont financé en leur rappelant l'odeur de l'argent. Pour détourner une phrase de Cocteau, dans le cinéma comme en art, il n'y a que des batailles ou des tombes.

Patrick Watkins (1er mai 2004)
Rebond pour la Commune

	Bio-filmographie P. Watkins	Repères chronologiques	
1889			Thomas A. Edison (USA) invente le film cinématographique.
1895			Le 28 décembre, les frères Lumières organisent la première séance payante de cinéma au Grand Café, Boulevard des Capucines à Paris. Meliès assiste à la projection.
1935	Naissance de Peter Watkins à Norbiton, dans le Surrey, en Angleterre.	En France, le Front Populaire organise un grand défilé à Paris aux mots d'ordre de " pain, paix et liberté ". En Chine, Mao Tsé-Toung devient chef du PCC, durant la " longue marche ".	En Angleterre, John Grierson (qui a fondé l'école documentariste anglaise) et des artistes avant-gardistes questionnent la place du cinéma dans la société et réalisent collectivement **Housing Problems**, un film préfigurant le cinéma direct.
1936		En Allemagne, l'adhésion aux Jeunesses hitlériennes devient obligatoire à compter du 1er décembre 1936. Début de la Guerre Civile Espagnole déclenchée par le général Franco. Victoire électorale du Front Populaire en France; Léon Blum devient Président du Conseil.	En Allemagne, Leni Riefenstahl réalise **Olympia** sur les Jeux Olympiques de Berlin. Aux Etats-Unis, Charlie Chaplin réalise Les Temps Modernes.
1938			Orson Welles crée le M*ercury Theatre on the Air (Le Théâtre Mercury sur les ondes)* avec l'intention d'entreprendre à la radio un travail expérimental. L'émission la plus célèbre de l'histoire de la radio, *La Guerre des mondes* (30 octobre 1938), fait croire que le pays a été envahi par des créatures venues

1939		Invasion de la Pologne par l'Allemagne. -Le président américain Franklin Roosevelt lance le programme de fabrication de la bombe atomique.	John Grierson fonde *The National Film Board Of Canada* à Ottawa. Il est nommé premier commissaire du gouvernement à la cinématographie de l'Office national du film canadien.
1941		Signature entre les États-Unis et l'Angleterre de la Charte de l'Atlantique sur la libre disposition et la sécurité des peuples Fondation par Hô Chi Minh de la ligue révolutionnaire pour la libération du Vietnam.	- Aux Etats-Unis, Orson Welles réalise **Citizen Kane.** Stephen Vincent Benet (1898-1943) compose le poème **Soldier, gaunt Soldier. With weapons beyond...** sur les dangers de la bombe hydrogène que Peter Watkins reprendra dans La Bombe.
1942		Roosevelt lance le *projet Manhattan*, la construction de la bombe atomique.	Aux Etats-Unis, Frank Capra réalise **Why we fight,** un film de propagande basé sur les valeurs américaines traditionnelles.
1945		Le 16 juillet, explosion de la première bombe A américaine à Alamogordo (Nouveau Mexique). Les Américains larguent deux bombes atomiques sur le Japon, Hiroshima le 06 août et Nagasaki trois jours plus tard. Le président Harry Truman déclare : " The experiment has been an overwhelming success ".	En Italie, deux mois après la libération de Rome, Roberto Rosselini réalise **Rome, ville ouverte** (*Roma, città aperta)*, film néo-réaliste qualifié de documentaire d'actualité, où les acteurs (à l'exception de 2 d'entre eux) sont des inconnus et où les scènes de rue saisies sur le vif sont tournées caméra à l'épaule.

	Bio-filmographie P. Watkins	Repères chronologiques	
1948	A partir de 1948 et jusqu'en 1952, Peter Watkins rejoint l'école Public school in Wales – Christ College, Brecon.		
1949		Explosion de la première bombe A soviétique le 29 août.	En Allemagne, Fritz Kortner joue **Le père**, première pièce naturaliste d'August Strindberg (1887) sur le conflit des genres.
1950	A partir de 1950 et jusqu'en 1952, Peter Watkins participe à plusieurs productions du groupe de théâtre de son lycée.	En 1950, le président américain Harry Truman ordonne à la commission à l'énergie atomique de construire une bombe H.	**Eve** de Joseph Mankiewicz avec Bette Davis et Anne Baxter remporte l'Oscar du meilleur film.
1951		Aux Etats-Unis, Joseph McCarthy, sénateur républicain, lance une violente campagne anticommuniste, notamment dans le milieu du cinéma. En avril, condamnation à mort des époux Julius et Ethel Rosenberg, pour espionnage au profit de l'URSS, et début d'une intense campagne visant à les sauver (l'affaire Rosenberg).	En Angleterre, après la décision de l'Etat de ne plus subventionner les travaux de l'école Grierson, un *Experimental Film Fund* placé sous l'égide du *BFI (British Film Institute)* est créé. Il s'agit de permettre à de jeunes réalisateurs de tenter leur première chance, hors de l'industrie cinématographique. Parmi la première vague de réalisateurs aidés par le BFI : Ken Russell, Jack Gold, Lindsay Anderson, Karel Reisz, Robert Vas, Peter Watkins, Ridley Scott, Stephen Frears et Tony Scott.

1952		Le premier ministre Winston Churchill annonce que la Grande-Bretagne a fabriqué sa première bombe A. Explosion du premier engin thermonucléaire américain le 01 novembre.	**Othello** réalisé par Orson Welles obtient le Grand Prix du Festival de Cannes.
1953	Peter Watkins poursuit des études à la Preparatory Academy for the Royal Academy of Dramatic Art (PARADA), puis RADA (Londres).	- Explosion de la première bombe H soviétique le 29 août. Le président Harry Truman révèle que les États-Unis possèdent la bombe à hydrogène.	Retransmission télévisée du couronnement de la reine Elizabeth II d'Angleterre (qui marque l'émergence de l'événement en direct).
1954	A partir de 1954 et jusqu'en 1956, Peter Watkins effectue son service militaire obligatoire dans l'armée britannique. Il manque d'être envoyé au Kenya pour combattre la rébellion Mau Mau. Peter Watkins rencontre Alan et June Gray, Alan et Anne Pope, Stan et Phyllis Mercer, membres fondateurs du groupe de théâtre amateur Playcraft à Canterbury (Kent). Peter Watkins joue dans un certain nombre de productions de Playcraft, dont **Journey's End** (un drame anti-guerre de R.C. Sheriff).	Aux Etats-Unis, Joseph McCarthy est désavoué par le Sénat américain. Au Kenya, les Mau Mau de la tribu Kikuyu lancent une guérilla contre les occupants britanniques et les colons (les White Highlands).	En France, François Truffaut lance le manifeste du mouvement de la Nouvelle Vague en publiant un article intitulé *Une certaine tendance du cinéma français* dans les *Cahiers du cinéma.* Jean-Luc Godard réalise son premier court-métrage, **Opération Béton**, un documentaire de 20 minutes ayant pour thème la construction du barrage de la Grand-Dixence.

	Bio-filmographie P. Watkins	Repères chronologiques	
1956	Peter Watkins réalise The Web, un film amateur, qui raconte l'histoire d'un soldat allemand tentant d'échapper aux maquisards français à la fin de la seconde guerre mondiale. **The Web** gagne quatre étoiles lors de la compétition des Ten Best (Oscars attribués aux dix meilleurs films amateurs) Peter Watkins trouve ses racines dans le Amateur film movement encore appelé le British underground (John Cook) qui émerge à la fin des années 1950.	En octobre-novembre, insurrection de Budapest pour la libéralisation du régime et la révision des relations avec l'URSS. Imre Nagy, le chef du gouvernement, proclame la neutralité de la Hongrie mais les troupes soviétiques appuient un nouveau gouvernement dirigé par J.Kádár et brisent la résistance populaire.	En Angleterre, des projections de films sont organisées en février pour interpeller l'opinion publique sur la situation du cinéma anglais dont : **Momma don't allow** de Karel Reisz et Tony Richardson, **O Dreamland** de Lindsay Anderson, et **Together** de Lorenza Mazzetti. Ces films montrent les aspects ignorés ou déniés de la réalité sociale et privilégient l'observation plutôt que la mise en scène. Ce sont les débuts du free cinema. En France, Alain Resnais réalise **Nuit et Brouillard**.
1957		Explosion de la première bombe H britannique le 15 mai.	
1958	Peter Watkins réalise **The Field of Red**, film amateur, aujourd'hui disparu, dont le thème porte sur la guerre civile américaine.	Accord américano-britannique sur l'installation de fusées au Royaume-Uni.	Au Canada, **Les raquetteurs** de G. Groux et M. Brault, court-métrage qui aura une influence sur le cinéma direct.
1959	Peter Watkins réalise **The Diary of an Unknown Soldier** (*Le Journal d'un soldat inconnu*), un film amateur. Parallèlement, Peter Watkins est assistant de montage à World Wide Pictures, une société de production documentaire. Ses collègues sont John Trumper, un monteur qui avait travaillé avec John Grierson et qui, plus tard, montera Privilege, et Kevin Brownlow qui restaure **Napoléon** d'Abel Gance en même temps qu'il travaille sur **It Happend Here**.	L'ONU demande à la France de s'abstenir de procéder à des essais nucléaires dans le Sahara. Le conflit en Indochine éclate. Les premiers soldats américains meurent au combat au Vietnam.	En France, début de la Nouvelle-Vague. François Truffaut tourne **Les 400 coups** qui aura une influence importante sur Peter Watkins ; notamment le dernier plan du film qui l'inspirera pour Culloden. Il s'inspire de la devise de Truffaut: "When a character turns to camera and looks straight at us, this sets up an almost instant identification between character and audience [and] gets us to recognise the relationship of ourselves to events of long ago, on screen."

1960	Peter Watkins réalise **Forgotten Faces** (*Les Visages oubliés*), film amateur qui est une reconstruction historique de la révolte hongroise de 1956, tournée à Canterbury (Kent) avec des membres du Playcraft group, dont certains joueront plus tard dans Culloden.	Explosion de la première bombe A française le 13 février au Sahara en Algérie. Á Londres, 75 000 manifestants appellent le gouvernement britannique à un abandon unilatéral des armes nucléaires.	En Grande-Bretagne, à la fin des années 1950 et au début des années 1960, publication de pamphlets de la Civil Defence tel que A *Pratical Guide for the Householder and Air-raid Warden*, similaires aux pamphlets distribués pendant la seconde guerre mondiale.
1960	Avec **Forgotten Faces**, Peter Watkins rompt avec un certain nombre de préconceptions établies/règles sacrées du cinéma (hollywoodien) en général et du cinéma documentaire en particulier : les acteurs regardent la caméra ; cadrage dit des close-ups (crops the top of the head), newsreel-style, etc. Milton Shulman, critique de télévision, propose Forgotten Faces à Granada TV mais Cecil Bernstein, vice-président de la chaîne le refuse : "Oh well, we can't show this on Granada TV because if we show this, no-one will ever believe our newsbroadcasts any more." Présenté lors d'une compétition internationale, Amateur Ciné World, ce film permet à Peter Watkins d'être recruté par la BBC en 1963.	Le parti travailliste britannique vote une résolution poussant à l'abandon unilatéral des armes atomiques. Début des mouvements de sit-in des militants pour les droits civiques. Le USS George Washington, est le premier sous-marin armé de missiles thermonucléaires.	
1961	Premier mariage de Peter Watkins avec Françoise Letourneur.	Construction du Mur de Berlin.	Robert Wise et Jérôme Robbins réalisent **West Side Story** qui remporte l'Oscar du meilleur film.

	Bio-filmographie P. Watkins	Repères chronologiques	
1962		Crise de Cuba entre les Etats-Unis et l'URSS en Octobre-Novembre à cause de l'installation de fusées soviétiques à Cuba.	Orson Welles réalise **Le procès**.
1963	Peter Watkins est engagé à la *BBC* comme assistant de production. En tant que stagiaire, il réalise **La Gangrène** (aujourd'hui perdu), basé sur un livre publié en France en 1958 retraçant en détail les tortures de cinq sans-papiers algériens arrêtés par la police française. Peter Watkins travaille également sur de nombreux documentaires dont **The Life and Times of Marshal Tito** de Stephen Hearst. Peter Watkins propose plusieurs idées de films à Huw Wheldon, directeur de l'unité documentaire à la BBC, dont le massacre de Sharpeville en 1960 en Afrique du Sud ou encore l'adaptation de The Last Temptation of Christ, une nouvelle de Nikos Kazantzakis (qui sera réalisée plus tard par Martin Scorcèse). Naissance de Patrick, le premier fils de Peter Watkins.	Signature du Traité de Moscou interdisant les essais atmosphériques.	En Italie, avec son film **La Ricotta**, Pier Paolo Pasolini est reconnu coupable d'outrage à la religion et condamné à 4 mois de prison (il sera acquitté le 06 mai 1964).

1964

Peter Watkins réalise **Culloden** (*La bataille de Culloden*) avec, 142 interprètes non-professionnels d'Inverness, des Lowlands et de Londres et avec comme conseiller historique, le romancier John Prebble. **Culloden** est la reconstitution documentaire de la bataille de Culloden, qui se déroula le 16 avril 1746 dans les landes marécageuses d'Ecosse. Les régiments d'élite anglais, sous les ordres du Duc de Cumberland, écrasèrent Charles Edouard Stuart et ses partisans qui cherchaient à renverser le trône de Hanovre à Londres. Une fois les Highlanders décimés, une impitoyable " pacification " des Hautes terres s'ensuivît.

Culloden, premier film professionnel de Peter Watkins diffusé sur la *BBC1* en prime-time le 15 décembre 1964, représentait une nouvelle manière de montrer des événements historiques, basée sur un mélange stylistique novateur du documentaire et du dramatique dit docu-drama. La forme fait référence à World in Action (à l'époque un journal d'actualité sur Granada TV, diffusé à la télévision britannique jusqu'au début des années 1990, utilisant des techniques du cinéma direct, caméra 16mm à l'épaule, son direct). Avec **Culloden**, Peter Watkins redéfinit la représentation de l'histoire à l'écran et les fondements classiques du documentaire : l'objectivité, le non-engagement de la part de l'auteur. Il obtient le *British Screenwriters Award of Merit* et la reconnaissance du *Society of Film and Television Arts.* **Culloden** est salué par la critique et Peter Watkins est surnommé le " British Orson Welles ".

Les Etats-Unis interviennent directement dans la guerre du Vietnam aux côtés des Sud-Vietnamiens.

Le 3 novembre, signature à Moscou du traité de dénucléarisation de l'espace extra- atmosphérique.

En Grande-Bretagne, Dick Bush, le caméraman de **Culloden**, tourne aussi avec Ken Russell pour la *BBC*, notamment **Song of Summer**

En France, Jean-Paul Sartre refuse le prix Nobel de littérature.

En Italie, **L'Evangile selon saint Matthieu** de Pier Paolo Pasolini est présenté au Festival de Venise malgré les interventions des néo-fascistes "Ordine Nuovo".

	Bio-filmographie P. Watkins	Repères chronologiques	
1965	Peter Watkins réalise **The War Game** (La Bombe) avec Peter Bartlett, qui utilise habilement la caméra à l'épaule (sa " caméra liberté " selon l'expression de Peter Watkins). Cette technique contraste avec les formes statiques et artificielles conventionnelles. Basée sur une recherche exhaustive, cette docu-fiction à l'origine intitulée *After The Bomb* montre les horreurs d'une attaque thermo-nucléaire contre la Grande-Bretagne. Comme dans **Culloden**, la voix-off s'érige en moyen esthétique et acquiert un rôle à part entière. Ici la voix-off autoritaire de Michael Aspel, présentateur de la *BBC*, déforme la voix de Dick Graham, présentateur " réel " d'antan de la *BBC*. Débattue au Parlement, discutée au sein du gouvernement, après plusieurs projections sécrètes au Cabinet du Premier ministre (Harold Wilson), la suppression de ce film par la *BBC* provoque une vaste polémique érigée en affaire d'Etat. Finalement, la *BBC* interdit la diffusion de **The War Game** à la télévision dans tous les pays du monde pendant 20 ans. Lorsque Peter Watkins découvre la collusion entre le gouvernement britannique et la *BBC* pour censurer son film, il démissionne de la *BBC*. Naissance de Gérard, le second fils de Peter Watkins.	La *CND (Campaign for Nuclear Disarmament)* organise des projections de **La Bombe** à travers toute l'Angleterre malgré l'interdiction officielle de la *BBC*. En Indonésie, au mois de septembre, appuyés par la CIA et les services secrets britanniques, les militaires prennent le pouvoir et massacrent plusieurs centaines de milliers de communistes en quelques mois. En 2000, trente-cinq ans plus tard, le Foreign Office à Londres révèlera que les services secrets anglais avaient utilisé la *BBC* pour relayer la campagne de propagande et propager de fausses informations afin de justifier le coup d'Etat (en entretenant notamment l'idée que les communistes indonésiens s'apprêtaient à massacrer les habitants de la capitale Jakarta).	

1966	Peter Watkins réalise **Privilege** avec Paul Jones (ex-Manfred Mann). **Privilege** est une allégorie sur la manière dont les mass-media, l'industrie de la musique pop et l'establishment britannique concourent à détourner l'énergie politique des jeunes. A sa sortie, la presse britannique critique durement **Privilege**, à un moment où Peter Watkins subit des pressions de plus en plus fortes de la part des professionnels britanniques des médias à cause de **La Bombe**. Face à la montée de la protestation populaire, la BBC se résout à organiser six projections exceptionnelles de **La Bombe** au mois de février devant un public restreint (membres de l'establishment et des journalistes pro-nucléaires) au *National Film Theatre* à Londres. L'accès est refusé au public.		Aux Etats-Unis, **The War Game** remporte l'Oscar du meilleur documentaire. A l'automne 1966, Peter Brook monte l'une des pièces les plus controversées de la décennie, **US**. L'œuvre est une contribution collective à la dénonciation de la guerre, sous la forme de "tableaux" plus ou moins inspirés par le Théâtre de la cruauté d'Artaud. Kevin Brownlow, ami de Peter Watkins et proche collaborateur des "années amateurs", finalise **It Happened Here** (l'Allemagne a gagné la seconde guerre mondiale et les Nazis occupent l'Angleterre...).
1967	En collaboration avec Marlon Brando, Peter Wtkins travaille sur un projet de film, **Proper in the Circumstances**, traitant des guerres contre les Indiens Sioux qui sera refusé par Universal Pictures.	Traité sur la non-prolifération (TNP) des armes nucléaires conclu à Londres, Moscou et Washington.	Premier album du Velvet Underground : **The Velvet Underground & Nico**. En France, Agnès Varda réalise le documentaire **Black Panthers**.
1968	A la suite des critiques au sujet de Privilege, Peter Watkins quitte l'Angleterre. Il décide de ne plus jamais travailler pour la télévision ou le cinéma britannique. Il devient un "gypsy-filmmaker" (John Cook), un cinéaste en exil.	Explosion de la première bombe H française le 24 août.	

	Bio-filmographie P. Watkins	Repères chronologiques	
1969	Peter Watkins s'installe en Suède où il réalise **The Gladiators** (*Les Gladiateurs*), son second long métrage, un film pacifiste, tourné avec des acteurs de divers pays. Ce film est attaqué en Suède, et Watkins décide d'émigrer à nouveau. La quête d'un refuge pour son travail va durer 20 ans. Peter Watkins travaille sur un projet de film, une trilogie sur la guerre d'indépendance américaine, la guerre civile et les guerres contre les Indiens pour *The Learning Corporation of America* et *Columbia Pictures* qui le refuseront par la suite.	Aux Etats-Unis, le 20 mars, s'ouvre le procès des *Chicago Seven*, à l'origine huit manifestants contre la guerre du Vietnam accusés d'avoir fomenté une conspiration et d'avoir suscité des émeutes lors de la National Democratic Convention en août 1968.	Première projection de **Culloden** de Peter Watkins aux Etats-Unis. Les critiques le considèrent aussitôt comme une allégorie critique de la guerre au Vietnam et font un lien politique entre la bataille de Culloden et la guerre du Vietnam (symbole de l'agression impérialiste).
1970	Aux Etats-Unis, Peter Watkins réalise **Punishment Park**, une allégorie politique, un vrai-faux documentaire. Ce film, qui dénonce la politique intérieure répressive du président Richard Nixon, est un réquisitoire contre l'Amérique, une mise à mort impitoyable de la mécanique propagandiste. **Punishment Park** suit le procès et l'épreuve d'un groupe d'étudiants, condamnés par la justice américaine à la suite de l'état d'urgence décrété par le président des Etats-Unis. Toute activité subversive est punie par de lourdes peines de prison ou par un passage de 3 jours au **Punishment Park**. Là, un groupe de prisonniers, sans nourriture, ni eau, doit traverser le désert sous la surveillance (et la menace) de la police, pour rejoindre un drapeau américain, symbole de rédemption. A sa sortie, une nouvelle fois, la presse se déchaîne contre le film qui est enlevé de l'affiche quatre jours après sa première projection à New York. Depuis, et malgré des projections un peu partout dans le monde, **Punishment Park** n'a jamais été diffusé aux Etats-Unis (ni à la télévision, ni au cinéma).	Le président américain Richard Nixon décide secrètement le bombardement du Cambodge. Aux Etats-Unis et partout dans le monde, la protestation est unanime. Richard Nixon décrète l'état d'urgence et - c'est le présupposé de Punishment Park - met en application une loi de 1950, "le McCarran Act", qui autorise le gouvernement fédéral, sans nécessité d_en référer au Congrès, à placer en détention toute personne "susceptible de mettre en péril la sécurité intérieure ". Le 04 mai aux Etats-Unis, au cours d'une manifestation pacifiste contre la guerre du Vietnam, quatre étudiants trouvent la mort lors d'affrontements très violents avec la garde nationale à l'université de Kent (Ohio). Entrée en vigueur du Traité sur la non-prolifération (TNP) le 05 mars.	

1971	Peter Watkins travaille et prépare un projet vidéo, **State of the Union** à partir de photos de la guerre civile américaine pour une société de distribution à New York.	Signature du Traité de dénucléarisation des fonds marins le 11 février.	Dalton Trumbo réalise **Johnny got his gun** (*Johnny s'en va-t-en guerre*), un film anti-militariste.
1972		Signature à Moscou du Traité ABM et des accords SALT I le 26 mai.	En Italie, Michelangelo Antonioni réalise **Chung Kuo** (*La Chine*), un documentaire qui est l'objet d'une violente campagne en Chine.
1973	En Norvège, Peter Watkins réalise **Edvard Munch** (2h50 version cinéma et 3h30 version télévision), un film biographique (et en quelque sorte auto-biographique) sur Edvard Munch, peintre expressionniste norvégien. **Edvard Munch**, l'un des films les plus connus de Peter Watkins, a été projeté dans de nombreux pays.	Le gouvernement du Chili est renversé par un coup d'État militaire orchestré par Henry Kissinger. Le président Salvador Allende est assassiné, le général Pinochet prend le pouvoir.	En France, au mois de janvier 1973, le cinéaste René Vautier entame une grève de la faim, pour exiger "la suppression de la possibilité, pour la commission de censure cinématographique, de censurer des films sans fournir de raisons; et l'interdiction, pour cette commission, de demander coupes ou refus de visa pour des critères politiques ".
1974	Au Danemark, Peter Watkins réalise **The Seventies People**, long métrage qui traite du nombre élevé de suicides parmi les jeunes danois. A sa sortie, la presse scandinave attaque férocement le film qui n'a jamais été projeté depuis.	Aux Etats-Unis, le président Richard Nixon démissionne à la suite de l'affaire du Watergate révélée par les médias.	En Italie, Pasolini publie **Défi aux dirigeants de la télévision**, un article dans le *Corriere della Serra*.
1975		Création de la Foundation for Peace Studies à Auckland (Nouvelle-Zélande) qui participera au financement de **The Journey.**	

	Bio-filmographie P. Watkins	Repères chronologiques	
1976	Toujours au Danemark, pour l'Institut du Cinéma Danois, Peter Watkins réalise **Aftenlandet** *(Evening Land, Force de Frappe, 1977)*, long métrage traitant du terrorisme et des tactiques répressives de la police danoise ainsi que des grèves lancées afin de prévenir la construction de sous-marins nucléaires. **Evening Land**, comme **The Seventies People** qui présentait des arguments sociaux très sensibles, a été vivement critiqué par la presse scandinave et n'a jamais été projeté depuis.		Pier Paolo Pasolini réalise **Salo ou les 120 jours de Sodome.**
1968-1977	Peter Watkins effectue de nombreux voyages, à l'occasion des projections de ses films, surtout de **La Bombe**. Il organise des discussions publiques sur la manière dont les mass media contribuent à laisser le public dans l'ignorance sur les effets des armes nucléaires et sur l'ampleur de la course aux armements. Il donne des conférences sur ce sujet dans de nombreux lycées et universités en Europe, en Amérique du Nord, en Scandinavie, en Australie et en Nouvelle-Zélande. Au cours de ces discussions publiques, les auditeurs se disent inquiets du rôle de la télévision, des rapports de celle-ci avec la violence, de la fragmentation des informations télévisées... Peter Watkins commence à organiser des séminaires et des ateliers sur la critique des médias, dans lesquels les élèves analysent les informations télévisées, et participent à la création de formes plus ouvertes de communication. En 1977, il donne des cours sur les analyses des médias à l'Université de Columbia (Etats-Unis) pendant lesquels une étude portant sur les répétitions dans les journaux télévisé met à jour les problématiques de la Monoforme.		

1977-1978-1979	En 1977, Peter Watkins travaille également sur plusieurs projets pour la télévision : un sujet sur le soulèvement de paysans anabaptistes à Münster en Westphalie en 1532, pour le compte de la *West Deutscher Rundfunk* (Allemagne de l'Ouest) qui le refuse ensuite, un autre sur Alexander Scriabin (un compositeur russe) pour le compte de la *Baden-Baden Television* (Allemagne de l'Ouest) qui ne donnera pas suite et un projet sur Filippo Tomaso Marinetti (futuriste et poète italien) pour le compte de la *RAI-TV* (Italie) qui ne poursuivra pas. De 1977 à 1979, Peter Watkins voyage à travers les Etats-Unis pour projeter et animer des discussions autour de son film Edvard Munch. Peter Watkins participe à la création de T*he People's Commission*, une association à Sydney visant à contester le rôle centralisé de la presse et de l'audiovisuel.	Adoption du Nuclear Non Proliferation Act par le Congrès américain le 10 mars 1978. Accords de Camp David le 17 septembre 1978 entre l'Egypte, Israël et les Etats-Unis.	Michael Cimino réalise **The Deer Hunter** (*Voyage au bout de l'enfer*) qui remporte l'Oscar du meilleur film. **L'arbre aux sabots** d'Ermanno Olmi remporte la Palme d'Or au Festival de Cannes.
1979	L' Institut Suédois du Cinéma et la télévision suédoise commande à Peter Watkins un long métrage sur la vie et l'oeuvre de l'auteur dramatique August Strindberg (1849-1912), plasticien démoniaque, peintre sulfureux, photographe, dramaturge, poète, dont la première pièce (1869) s'intitulait **Le Libre Penseur.** Après avoir passé deux ans et demi à faire des recherches et à écrire, Peter Watkins propose un scénario mais le film est annulé.	Signature des accords SALT II le 18 juin. 69 centrales nucléaires civiles sont en fonction aux USA. Chute du régime de Pol Pot au Cambodge.	En France, Gérard Mordillat réalise avec Nicolas Philibert **Patrons-Télévision (Un pépin dans la boîte, Confidences sur l'ouvrier, La bataille a commencé à Landerneau)**, 3 documentaires sur le patronat qui sont interdits d'antenne.

	Bio-filmographie P. Watkins	Repères chronologiques	
1979	Peter Watkins travaille sur un projet concernant une potentielle explosion d'un réacteur (*Indian Point Reactor*) au nord de la ville de New York à la demande de la *Canadian Broadcasting Corporation (CBC, Canada)* qui ne donnera pas suite. Peter Watkins donne à nouveau des cours à l'Université de Columbia (Etats-Unis) pendant lesquels les étudiants analysent les manipulations des journaux télévisés ainsi que les documents relatifs au style des histoires des *soap-operas.*	Margareth Thatcher devient Premier ministre du Royaume-Uni. Accident nucléaire à Three Mile Island aux États-Unis. Les troupes soviétiques envahissent l'Afghanistan.	Aux Etats-Unis, Francis Ford Coppola réalise **Apocalypse Now** qui remporte la Palme d'Or au Festival de Cannes.
1982		Guerre des Malouines entre la Grande-Bretagne et l'Argentine. Massacres des camps palestiniens de Sabra et Chatila (16-18 septembre).	**Gandhi** de Richard Attenborough remporte l'Oscar du meilleur film.
1983-1986	Tentative de faire une nouvelle version de **The War Game** à l'initiative de *Central TV* (Londres) qui abandonnera ensuite. Pendant 4 ans, Peter Watkins effectue des recherches, réalise et monte **The Journey** (Le Voyage) qui a été filmé sur les cinq continents et dans douze pays. **The Journey** voit le jour après avoir reçu le soutien d'un important mouvement suédois pour la paix. Ce film, qui dure 14 heures et demie, critique le rôle des mass media dans la course aux armements mondiale. Toutes les grandes organisations télévisuelles publiques auxquelles Peter Watkins s'adresse refusent de le programmer et de le diffuser. A ce jour, **The Journey** a été diffusé uniquement trois fois à la télévision (*WNET* à New York et sur deux stations locales au Canada).	En 1983, le président des Etats-Unis, Ronald Reagan, lance "l'initiative de défense stratégique", appelée "guerre des étoiles". En mai 1984 à Stockholm, congrès pour le 100ème anniversaire de la Swedish Peace and Arbitration Society (SPAS) qui a financièrement soutenu The Journey. Visite de Ronald Reagan au Canada en 1985 dans le cadre du Shamrock Summit. Début de l'intifada à Gaza, puis en Cisjordanie en 1987.	En 1984-85, grève des mineurs en Angleterre. En 1985, levée de l'interdiction de **La Bombe** à l'occasion du 40e anniversaire d'Hiroshima. Dans son film **Efter repetitionen** *(Après la répétition)*, Ingmar Bergman confie que le Songe (1901), en réalité "un jeu de rêve" (Ett Drömspel), la pièce la plus autobiographique d'August Strindberg, est sa pièce fétiche.

1989-1990	Peter Watkins écrit une longue analyse critique sur l'éducation des médias pour le *Dramatic Institute* de Stockholm (Suède). Peter Watkins reçoit une bourse de la *New Zealand Peace Foundation* pour le développement de projets de médias alternatifs dans les écoles de Nouvelle-Zélande.	Chute du mur de Berlin et réunification de l'Allemagne. La Hongrie commence à démanteler le "Rideau de fer" établi le long de la frontière autrichienne. Premières élections libres en URSS, Mikhail Gorbatchev devient président du Soviet suprême. Retrait des troupes soviétiques d'Afghanistan.	
1991	Peter Watkins réalise **The Media Project,** une critique vidéo de la couverture de la guerre du Golfe par les médias, produit par l'acteur australien Chris Haywood.	Intervention militaire des alliés contre l'Irak à partir de janvier (Opération "tempête du désert "). Signature des accords START I les 30 et 31juillet. Indépendance de la Lituanie qui s'émancipe de l'emprise de l'URSS.	La guerre en direct : *CNN* retransmet les images et les sons des bombardements américains sur Bagdad.
1992	Peter Watkins tourne enfin son film sur August Strindberg, dans le cadre d'un cours de production vidéo qu'il donne au lycée Folk High School, près de Stockholm. **The Freethinker** (*Le libre-penseur)* sera refusé par toutes les principales chaînes de télévision nordiques, et pratiquement boycotté en Suède, y compris par le système éducatif. Second mariage de Peter Watkins avec Vida L. Urbonavicius.	Suspension des essais nucléaires français dans le Pacifique.	*La Pravda*, le journal lancé par Lénine en 1912, cesse d'être publié.

Année	Bio-filmographie P. Watkins	Repères chronologiques	
1994	Peter Watkins se retire du cinéma et de la télévision, et s'installe à Vilnius en Lituanie.		
1996		Adoption par l'Assemblée générale de l'ONU du Traité d'interdiction des essais nucléaires (résolution 50/245) le 10 septembre. En France, émergence du "mouvement des Sans Papiers" avec l'occupation de 300 sans-papiers de l'église Saint-Bernard à Paris, évacués par la police. Vague de désobéissance civile et "pétition des 66 cinéastes."	Sortie du film **Nous, Sans-Papiers de France** de Nicolas Philibert.
1997	Ecriture de **La face cachée de la lune,** un texte critique sur les Mass Media Audiovisuels (MMA), à l'occasion du 75ème anniversaire de la *BBC* que Peter Watkins envoie à l'ensemble des médias professionnels du monde entier. Ce texte, construit en deux parties, traite de la crise démocratique au sein des MMA, de la crise de l'enseignement de ces médias, de l'omniprésence de la Monoforme utilisée par la télévision et le cinéma commercial pour faire passer leurs messages, et propose des idées pour une version alternative de l'enseignement des médias.		Célébration du 75ème anniversaire de la création de la *British Broadcasting Corporation, BBC.*

1999	En banlieue parisienne, dans les anciens studios de Georges Méliès, Peter Watkins tourne **La Commune (Paris, 1871)**, qui traite l'un des évènements les plus occultés de l'histoire française : la Commune de Paris. Cette reconstitution épique de l'insurrection parisienne de 1871 interroge à la fois le sens de la révolte hier et aujourd'hui ainsi que le rôle des mass medias dans le contrôle de la société. Dès sa sortie, La Commune est marginalisé par la télévision française, dont *Arte* qui l'a pourtant co-produit. **La Commune (Paris, 1871)** est une œuvre conçue comme une rupture radicale avec l'ensemble des codes dominants, qu'il s'agisse des recherches historiques, des processus de narration, de montage ou de direction d'acteurs. Peter Watkins revient sur un certain nombre de procédés et de thèmes déjà développés dans **Culloden**.		Acquisition par *Viacom* de la chaîne américaine *CBS*, engageant la plus grande fusion jamais réalisée dans les médias. *Viacom*, qui regroupe des activités dans les domaines du cinéma, de la radio et de la télévision, de l'édition, de l'Internet et de la publicité, devient le numéro trois mondial des médias après *Time Warner-AOL* et *Vivendi Universal.* Prise de participation majoritaire du groupe Lagardère dans la société 13 Production qui co-produit **La Commune (Paris, 1871)**.
2000	Peter Watkins créé son premier site Internet pour livrer ses analyses critiques des mass media audiovisuels et présenter les réactions à ses films.		Mariant la presse et l'audiovisuel d'une part, l'Internet d'autre part, la prise de contrôle de Time Warner par *America Online (AOL)* entraîne la création de la première entreprise de presse et de communication sur le plan mondial. Les trois groupes *Vivendi, Seagram* et *Canal +* annoncent leur fusion pour créer *Vivendi Universal,* numéro deux mondial dans les médias, avec un chiffre d'affaires d'environ 55 milliards de dollars.

	Bio-filmographie P. Watkins	Repères chronologiques	
2001	Le canadien Geoff Bowie réalise **L'horloge universelle, la résistance de Peter Watkins.** Ce film, produit au sein de l'Office National du Film du Canada, instance publique, analyse le processus de réalisation de **La Commune** et le combat de Peter Watkins contre le "formatage" audiovisuel et la dictature des mass media. L'association *Rebond pour la Commune* réalise un document filmique de 30 minutes intitulé **Peter Watkins – Lituanie.** Filmé dans le décor surréaliste d'un parc à thème pro-soviétique, à quelques dizaines de kilomètres de Vilnius (Lituanie), Peter Watkins revient sur l'expérience de La Commune, parle de son travail, de la genèse du film, de sa position de metteur en scène et, plus largement, de la crise des mass media audiovisuels actuels.	Attentat contre les Twin Towers de New York le 11 septembre. En représailles, les États-Unis déclarent la guerre au terrorisme et à Al Quaïda en particulier. Ils bombardent l'Afghanistan et chassent les Talibans du pouvoir.	Rétrospective *Uncomfortable Truths: The Cinema of Peter Watkins* à Harvard (Etats-Unis) en janvier 2001.
2002			Rétrospective Peter Watkins, Leeds International Film Festival (Grande-Bretagne).
2003	Ecriture de **The Media Crisis** et développement d'un second site Internet avec la mise en ligne des analyses du rôle de la télévision américaine lors la deuxième guerre du Golfe.	Les Etats-Unis déclenche la guerre en Irak le 20 mars.	En France, lancement de *Co-errances,* coopérative de diffusion textes-images-sons.

2004		En mars 2004, la Lituanie intègre l'OTAN, ainsi que la Lettonie, l'Estonie, la Slovaquie, la Slovénie, la Bulgarie et la Roumanie. Arrivée des premiers avions de transport C-130 Hercules sur la base aérienne de Zokniai près de Siauliai dans le Nord de la Lituanie.	- Rétrospective *Uncomfortable Truths: The Cinema of Peter Watkins* à la Art Gallery Ontario (Canada) en mars 2004. - Première rétrospective française autour de la quasi-totalité de l'oeuvre de Peter Watkins au Festival International de La Rochelle en juin 2004.

Sources :

Interviews avec Peter Watkins (2004)

Site Internet Peter Watkins : www.peterwatkins.lt

Rebond pour la Commune (Caroline Lensing-Hebben, Patrick Watkins, Jean-Pierre Le Nestour)

Parmi les très nombreux ouvrages et articles consultés : *Documenting the Documentary* (*Close readings of documentary Film and Video*), edited by Barry Keith Grant et Jeannette Sloniowski, Wayne State University Press, Detroit, 1998 ; *Avant-Garde Film, Motion Studies,* Scott MacDonald, Cambridge University Press, 1993, ainsi que l'excellent mémoire de Etienne Lesourd (Université Nancy 2) *Images of War, War of Images : A study of Peter Watkins 's Film Culloden* (juin 2003).

Références photographiques

Toutes les photos de MEDIA CRISIS sont tirées de scènes de tournage des films de Peter Watkins

Couverture :
photogramme tiré de **Punishment Park**

Page 1 : The War Game (*La Bombe,* 1965)
Page 12 : La Commune (Paris, 1871), 1999
Page 14 : The Forgotten Faces (*Les visages oubliés,* 1960)
Page 16 : Culloden (*La bataille de Culloden,* 1963)
Page 17 : Edvard Munch (*Edvard Munch, La danse de la vie,* 1973)
Page 18 : La Commune (Paris, 1871), 1999
Page 22 : The War Game (*La Bombe,* 1965)
Page 44 : La Commune (Paris, 1871), 1999
Page 53 : The War Game (*La Bombe,* 1965)
Page 55 : Privilege (*Privilège,* 1966)
Page 70 : La Commune (Paris, 1871), 1999
Page 92 : Punishment Park, 1970
Page 124 : The Journey (Le Voyage, 1983-1986)
Page 127 : The War Game (*La Bombe,* 1965)
Page 132 : Privilege (*Privilège,* 1966)
Page 141 : La Commune (Paris, 1871), 1999
Page 148 : La Commune (Paris, 1871), 1999
Page 175 : Privilege (*Privilège,* 1966)
Page 220 : La Commune (Paris, 1871), 1999
Page 223 : La Commune (Paris, 1871), 1999
Page 227 : La Commune (Paris, 1871), 1999
Page 230 : La Commune (Paris, 1871), 1999
Page 234 : La Commune (Paris, 1871), 1999
Page 249 : Privilege (*Privilège,* 1966)

Sixou

Dépôt Légal 2ème trimestre 2004
ISBN : 2-915129-07-X

Imprimerie Jouve
11, boulevard de Sébastopol 75001 Paris
N° 348731J

Editions Homnisphères, 2004